Topics

sous la direction de Geneviève Gaillard
Inspecteur d'académie-Inspecteur pédagogique régional d'anglais

Topics

L'anglais à l'école élémentaire

Françoise Bonnet-Falandry - Victoria Castejon
Jean-Marie Duprat - Dominique Fortin - Ann Raballand

CD audio avec les voix de Abid Macky et Chantal Russel Le Roux

scérén
CRDP
AQUITAINE

Production Centre régional de documentation pédagogique d'Aquitaine

Conception maquette, illustrations : pôle graphique (J.-P. David et J. Machemy)

Enregistrements et montage : pôle audio-visuel (G. Santaliestra)

Bibliographie en ligne : pôle documentation

Coordination générale, suivi et relecture : pôle édition

Information, promotion et distribution : pôle commercial

75, cours Alsace-Lorraine - 33075 Bordeaux cedex
Serveur web : crdp.ac-bordeaux.fr
E-mail : crdp.aquitaine@ac-bordeaux.fr

ISBN 978-2-86617-415-6

Sommaire

Préface

Topics a été conçu comme une banque d'activités pour enseigner l'anglais à l'école primaire. Il s'adresse à tous les personnels assurant cet enseignement, qu'ils soient enseignants du premier ou du second degré, intervenants extérieurs ou assistants étrangers.

Les unités thématiques qui le constituent (d'où son nom, Topics) couvrent l'essentiel du programme lexical et grammatical prévu au cycle des approfondissements de l'école primaire.

La gamme des activités proposées à l'intérieur de chaque unité est suffisamment vaste pour que chacun y trouve ce qu'il cherche, en fonction du moment de l'apprentissage et du niveau de ses élèves. Ce n'est donc pas une méthode à suivre pas à pas, mais plutôt un document-ressource à utilisation souple pour servir des besoins inévitablement variés (de la recherche d'activités ponctuelles à la conception d'une progression autour des quatre compétences langagières).

- Chaque unité tient compte des quatre savoir-faire : comprendre un message oral - parler - lire - écrire, en mettant l'accent, cependant, sur les compétences orales. Rangés en catégories pour des besoins de clarté, ils sont toutefois interdépendants et doivent être croisés dans la démarche d'apprentissage.
- Les activités proposées associent toujours le dire au faire, ce qui leur confère du sens.
- En regard de chaque activité figurent les objectifs de l'enseignant, éléments-clés de toute progression.
- Des exercices d'évaluation sont donnés à titre d'exemple à la fin de chaque unité.
- Aux compétences linguistiques, sont associées des compétences transversales : éliminer, classer, lire un tableau à double entrée…
- Chaque unité propose des liens avec d'autres disciplines (arts, mathématiques, histoire) à titre de prolongement, de consolidation ou d'ouverture culturelle, l'apprentissage de la langue étrangère devant s'articuler avec les autres apprentissages de l'école primaire.
- Une annexe méthodologique, notamment des conseils pour aborder le conte et la chanson, et un glossaire en font un outil de formation.
- Un CD audio reprend le script de certaines activités, offrant ainsi un modèle linguistique authentique.

Offrir un document-ressource polyvalent, à la fois banque d'activités et outil d'auto-formation par la réflexion qu'il induit, et proposer des situations d'apprentissage à la fois rigoureuses et motivantes, telle est la volonté des concepteurs de Topics .

Geneviève GAILLARD
Inspecteur d'académie
Inspecteur pédagogique régional d'anglais

Mode d'emploi

Topics est fondé sur une approche thématique qui permet la plus grande liberté d'utilisation. Cependant, il est impératif que l'enseignant réfléchisse à l'organisation de sa progression sur l'ensemble de l'année : on devine aisément que le contenu de BASICS doit être travaillé en tout début d'apprentissage car il installe une méthodologie et introduit des contenus sur lesquels sera fondé tout le travail ultérieur, quel que soit le parcours choisi par l'enseignant. Les autres unités sont indépendantes : en effet, si l'ordre dans lequel elles sont présentées suit une certaine logique, il est tout à fait possible de les organiser différemment, à condition de tenir compte non seulement de leur intérêt thématique mais aussi des éléments langagiers contenus dans chacune d'entre elles.
Les fonctions langagières, telles qu'elles sont présentées dans les référentiels de l'école élémentaire, se retrouvent dans différentes unités : ceci permet à l'enseignant d'introduire une fonction particulière dans le thème de son choix et de la ré-activer à d'autres occasions (exemple, dire que l'on aime ou que l'on n'aime pas à propos de la nouriture - **Topics 5**).

QU'EST- CE QU'UNE PROGRESSION ?

L'apprentissage d'une langue vivante ne doit pas se contenter d'une juxtaposition d'activités choisies de façon aléatoire mais se construit dans le temps en croisant trois paramètres :
– la prise en compte des besoins des élèves, ce qui suppose une bonne appréciation de leurs acquis ;
– le respect des référentiels nationaux de compétences ;
– la logique d'apprentissage : du connu à l'inconnu, du simple au complexe.
Il s'agit donc d'une dynamique d'apprentissage. Pour éviter l'impression d'éparpillement et donner de la cohérence aux apprentissages, il est important de les construire autour d'un thème fédérateur , porteur de sens pour les élèves.
C'est pourquoi cet ouvrage s'organise autour d'unités thématiques.

COMMENT EST CONSTRUITE UNE UNITÉ ?

Chaque unité a pour objectif :
– d'offrir à l'enseignant les outils nécessaires pour construire une progression thématique ;
– de faire apparaître clairement les quatre compétences langagières. Il ne convient pas pour autant de les travailler de façon cloisonnée, mais d'alterner activités de compréhension et d'expression tant à l'oral qu'à l'écrit. Chaque unité se termine par quelques exercices d'évaluation en accord avec les compétences travaillées dans l'unité. Ce ne sont que des exemples qui demandent à être enrichis et adaptés. Cette évaluation a une fonction essentiellement formative et on doit donc y associer les élèves afin qu'ils puissent prendre conscience de leurs progrès.

LES COMPÉTENCES TRANSVERSALES

Ces compétences ont été mises en œuvre dans l'apprentissage de la langue maternelle et entrent en jeu dans l'apprentissage de la plupart des disciplines enseignées à l'école.
– capacité d'écoute : écouter un document/ l'enseignant, s'écouter entre élèves ;
– discrimination phonétique : isoler un son parmi d'autres ; distinguer deux sons proches ;

– mimétisme : imiter une intonation, une attitude liée à un mot ou une expression ;
– mémorisation ;
– aptitude à inférer le sens d'éléments inconnus à partir d'un sens global identifié ;
– aptitude à découvrir, à partir des régularités observées, des mécanismes de fonctionnement de la langue ;
– capacité de verbalisation ;
– prise de risques : oser prendre la parole devant les autres, oser émettre une hypothèse, oser s'exprimer dans un code de communication non maîtrisé.

LES COMPÉTENCES EN LANGUE

COMPRÉHENSION ORALE	• Repérage de mots /sons • Compréhension « passive » (langue de la classe) • Compréhension globale d'un message
EXPRESSION ORALE	• Reproduction, répétition • Production guidée • Expression libre
COMPRÉHENSION ÉCRITE	• Reconnaissance de la graphie (rapport phonie/ graphie) • Lecture • Interprétation de messages globaux pouvant contenir des éléments inconnus
PRODUCTION ÉCRITE	• Trace écrite • Remise en ordre de mots • Production lacunaire • Production autonome

LA SÉQUENCE

Une séquence est une entité visant l'acquisition d'objectifs (langagiers et culturels) précis. Ces objectifs peuvent être atteints après une ou plusieurs séances (leçon de 45') , chaque étape étant plus ou moins longue suivant les objectifs intermédiaires que l'on s'est fixés.

LA SÉANCE

1 - Échauffement/ ré-activation d'acquis ou des pré-requis nécessaires à la mise en place des nouveaux objectifs.
2 - Pose d'objectifs clairement identifiables.
3 - Manipulation orale des structures / fonctions pour s'approprier les mots (sons et sens).
4 - Pratique guidée : déclencheurs de parole visuels (images, dessins, plans) ou verbaux (vrai/faux, questions, transformations d'énoncés, etc.).
5 - Mise en situation de communication autonome.

Basics

Cette unité propose quelques activités à mener, pour la plupart, en anglais, pour une première approche linguistique, phonologique et culturelle de la langue. Ces activités ont également pour but de faire acquérir aux élèves quelques éléments lexicaux (couleurs, nombres, adjectifs, noms, verbes d'action) et fonctions langagières (désigner, compter, donner la couleur, répondre par oui ou par non, etc.) qui permettront de complexifier les activités et les échanges ultérieurs. Beaucoup d'activités proposées dans les unités suivantes font appel à ces notions de base.

Basics

LANGUE

Lexique :
- Prénoms
- Nombres jusqu'à 30
- Couleurs
- Adjectifs qualificatifs
- Mots transparents
- Objets quotidiens
- Alphabet
- Verbes d'action

Éléments langagiers :
- *What is it?*
- *What's your name?*
- *What colour is it?*
- *How many?*
- *Is it/ he/ she?*
- *Yes it is/ no, it isn't*
- *It is (a)....*
- *Be*
- Formules de communication

Phonologie :
- Rapports phonie/ graphie
- Accentuation des mots
- Intonation
- Les trois formes du pluriel |s| |z| |iz|

CULTURE

• Comptines : *One potato ; Ten little Indians ; Ten green bottles ; One, two, buckle my shoe…*
• Le monde anglo-saxon.
• Le monde anglophone.).

CONTENUS

LANGUE

Fonctions	***Exemples***	***Éléments langagiers***	***Phonologie***
Dire son nom Demander le nom de quelqu'un	*My name's... /I'm...* *what's your name?*	*Be* *My/ your*	Intonation des questions. ouvertes ; Diphtongues dans *my, I,* /ai/et dans *name* /ei/
Désigner (un objet, une personne)	*What is it?Is it a...?* *Is it Peter? Yes,it is /no, it isn't.* *what's this?*	*Be* *Be* + qu. *Be + not* *What + be*	'r' silencieux dans *Peter*; /i/ de *is, isn't*; /θ/ de *Matthew, Cathy*; /ð/ de *Heather.* Accents de mots ; Intonations.
Compter	*One, two... thirty* *How many books?*	 *How + be*	Distinguer *fifteen* et *fifty*. Accents de mots ; Diphtongues dans *eight* /ei/, *five* et *nine* /ai/,...
Epeler	*The alphabet*		Ne pas confondre : *G* et *J* /dji:/ et /djei/ *E* et *I* /i:/et/ai/.
Donner la couleur, qualifier un objet	*What colour is it?* *It is... Is it...? Is it blue?*	*Be*	Rapport phonie/graphie dans *white* et *big* /ai/ et /i/ ; *Small* et *cat* /ɔ:/ et /æ/ ; *Green* et *red* /i:/ et /e/.

CULTURE

• Comptines :
- One potato,... ;
- Ten little Indians ;
- Ten green bottles ;
- One,two,buckle my shoe...

• Le monde anglophone : les pays où l'on parle anglais dans le monde.

• Le monde anglo-saxon : le Royaume-Uni (Angleterre, Écosse, Irlande du Nord, Pays de Galles)

• Les mots transparents : même graphie, phonie différente.

1. ÉCOUTER • compréhension orale

1.1. Écouter pour entrer dans la langue

- Les élèves écoutent une liste de mots transparents (qui existent sous la même orthographe en français) et disent ceux qu'ils ont reconnus. L'enseignant donne alors la liste complète écrite et fait prendre conscience aux élèves des différences de rapports phonie/ graphie et de l'importance de l'accentuation en anglais, la syllabe accentuée étant ce qui permet d'identifier le mot.
- Les élèves entendent de nouveau les mots et repèrent la syllabe importante de chaque mot *(annexe 1 + ◎).*

• Introduction au système phonologique.
• Prise de conscience du schéma accentuel.
• Prise de conscience des différents codes de rapports phonie/graphie.

1.2. Écouter pour...

... faire connaissance

- Les élèves écoutent plusieurs enfants qui se présentent *(annexe 2 + ◎).*
Ils repèrent dans le discours bref de chaque enfant son prénom qu'ils essaient de reproduire.

• Premiers contacts avec de vrais anglophones
• Familiarisation avec l'écoute active

... pour se reconnaître

- Les élèves ont choisi un prénom anglais, par exemple parmi les étiquettes affichées au tableau. Ils apprennent à le répéter. L'enseignant fait ensuite l'appel en utilisant ces nouveaux prénoms. Les élèves lèvent le doigt à l'appel de leur nom.
- L'enseignant fait alors classer les prénoms selon leur schéma accentuel *(annexe 2).*
Il peut ensuite prendre l'habitude de faire l'appel en anglais et les élèves viennent se ranger dans la colonne qui correspond à leur schéma accentuel.

Oo	oOo	Ooo	...	

N.B. Adopter une identité fictive peut aider certains élèves à « entrer » dans la séquence de langue.

• Familiarisation avec le schéma accentuel
• Entraînement à l'écoute

... mémoriser l'alphabet

- L'enseignant peut énoncer l'alphabet, le faire répéter, ou le faire mémoriser à travers une chanson.

• Être capable de faire référence à des mots en les épelant.

... identifier

- L'enseignant épelle les prénoms et les élèves lèvent le doigt quand ils se reconnaissent.

• Familiarisation avec l'alphabet anglais.
• Prise de conscience des rapports phonie/graphie.

- Les activités 1-2 doivent être menées de pair avec les activités proposées dans les présentations de la compétence : PARLER.

1.3. Écouter pour...

... compter

- Après avoir entendu l'enseignant compter, et avoir répété les nombres, les élèves disposent de petites cartes avec des chiffres et doivent les lever lorsque l'enseignant énonce le nombre correspondant. Les cartes représentent les chiffres de 0 à 9. Les élèves doivent les combiner pour former les nombres énoncés.
Il est de coutume d' apprendre les nombres par étapes, d'abord jusqu'à 12, puis jusqu'à 20, puis jusqu' à 30. Avec des élèves possédant la numération, on peut introduire ces nombres assez vite et passer davantage de temps à des activités plus ludiques .

... jouer

- **Jeu de bingo** Les élèves disposent de grilles comme celles de loto *(annexe 3)*. L'enseignant, puis un élève, énonce les numéros tirés au sort. Le gagnant est celui qui a rempli sa grille (ou sa rangée) le premier. On peut commencer par des grilles de nombres jusqu'à 20, puis jusqu'à 30.
  On peut compliquer le jeu en introduisant ensuite deux adjectifs : *big* et *small*. L'enseignant, ou l'élève, énonce alors : *a big seven, a small five, etc.*

• Jouer.
• Apprendre à écouter.

... discriminer

- L'enseignant affiche au tableau des portraits de personnes qui pourraient être âgées de 13 à 30 ans. Il associe un âge différent à chaque portrait, sans introduire encore de façon active la question : *how old is he?* vue dans **PEOPLE**. En fonction de l'âge énoncé, les élèves doivent désigner le portrait correspondant. Il s'agit d'entendre la différence entre les terminaisons "ty" et "teen".

• Discrimination auditive.

1.4. Écouter pour montrer

- L'enseignant présente un certain nombre d'objets ou d'images d'objets connus (*a bike, a book, a ball, a bus, a car, a boy, a girl, a pen, a table, a chair, a rose, a cake, a ship, a sheep...*). L'élève, qui dispose de ces mêmes objets, doit les montrer lorsque l'enseignant les énonce.
  On peut ensuite combiner le nom des objets avec la notion de singulier et pluriel. Exemple : *Show me three balls.*
- On peut ensuite se servir de petites cartes de couleurs différentes pour introduire les couleurs *(voir ci-dessous)*.
  Puis on se sert de nouveau des objets pour associer objet et couleur : *Show me a red bus/a green ball/a blue bike, etc.* avec *: yellow / white / black / brown / purple.* L'élève associe alors la carte de couleur et celle de l'objet.
- Ensuite, on peut faire colorier les objets sous la dictée : *the bus is red ; it's a red bus, etc.*
  Les élèves pourront, par la suite, en expression orale, faire colorier les objets à un camarade en *pair work*.

• Première approche de la combinaison adj. + couleur.
• Distinction entre : ship *et* sheep.

... entendre les pluriels

- Suivant que l'élève entend /s/, /z/ ou /iz/ *(buses, roses)* à la fin des mots, il va classer les objets dans trois piles différentes.

• Discrimination phonétique.
• Sensibilisation aux différents sons du pluriel.

1.5. Écouter pour agir

- L'enseignant mime certaines actions courantes dans la classe : *stand up, sit down, open your book, close your book, hop, stop, give me a pen...*
  Jeu de Simon Says (équivalent de Jacques a dit) *(voir* **Méthodologie, Basic Games***)*.

• Jouer à un jeu authentique.
• Mémoriser des verbes d'action qui pourront faire partie de la conduite de la classe.

1.6. Écouter pour se repérer

- L'enseignant dispose d'une carte du monde. L'enseignant nomme des pays et demande aux élèves d'essayer de les situer sur la carte.
- Variante : un élève montre un pays, les autres essaient de retrouver son nom.
  On peut pratiquer cette activité avec les pays anglophones du monde : India, the USA, Canada, New Zealand, South Africa...

1.7. Écouter pour comprendre le Royaume-Uni

- L'enseignant dispose d'une carte du Royaume-Uni : England, Wales, Scotland, Northern Ireland. Les élèves doivent associer les quatre emblèmes (the rose, the leek, the thistle and the shamrock) aux quatre pays *(annexe 4)*.

• Introduction de la dimension culturelle.
• Lien possible avec l'histoire et la géographie.

2. PARLER • expression orale

2.1. Parler pour chanter

- Comptine : one potato, two... *(annexe 5)*. L'enseignant mime la comptine avec les élèves. On pourra réutiliser cette comptine en contexte lorsqu'il faudra désigner un élève par groupe pour mener une activité par exemple.
  Autres chansons pour manipuler les chiffres : Ten little Indians; Ten green bottles; One, two, buckle my shoe *(annexe 5 + CD)*.

• Introduction d'une dimension culturelle.
• Apprentissage du rythme.

2.2. Parler pour se présenter

Cette activité peut être menée en parallèle avec le groupe d'activités 1-2 de compréhension orale.

- L'enseignant attribue des étiquettes prénoms aux élèves, ou utilise leurs vrais prénoms. En cercle, il lance une balle à un élève en lui posant la question : *what's your name?* L'élève répond et lance à son tour la balle à un camarade en posant la question et ainsi de suite.
- Dans un second temps, au lieu de se contenter de dire son nom, l'élève répond par une courte phrase : *I'm Peter / my name's Peter.*

• Intonation de la question en WH.

2.3. Parler pour désigner

Cette activité peut être menée de pair avec les activités 1.4 de compréhension orale.

- L'enseignant pose la question *what is it?* pour obtenir la réponse : *it's a bus.*
- L'enseignant dispose d'objets ou d'images d'objets divers, déjà introduits en 1.4. Il pose la question *what colour is it?* pour obtenir la réponse : *it's red.*

• Ré-activation des questions en WHAT + BE.

2.4. Parler pour répondre par oui ou par non

- L'enseignant pose les mêmes questions que dans l'activité précédente mais de façon à obtenir parfois des réponses positives, parfois négatives : *is it yellow?* ; *yes, it is/ no, it isn't.*
  On peut utiliser des cartes ayant servi en compréhension orale 1.4.

• Introduction des réponses courtes.
• Intonation montante des questions fermées.

2.5. Parler pour jouer

- Bingo : même jeu que dans l'activité 1.3 mais avec des grilles représentant des objets à colorier de couleurs différentes *(annexe 6)*.
- L'enseignant , puis un élève énonce : *a green car...* et le premier qui a une rangée pleine crie : *bingo!*
  Pour valider son rang, l'élève gagnant doit renommer tous les objets de la rangée gagnante, soit en les regardant, soit de mémoire.

• Activation de la séquence adj. + nom.
• Jeu.

2.6. Parler pour compter

Ces activités vont de pair avec les activités 1.3 de compréhension orale.

- Les élèves comptent de 1 à 30. Puis ils reprennent en remplaçant chaque multiple de 2 (puis de 3) par FIZZ ou BUZZ ;
  On peut ensuite compter en ordre décroissant.
  On peut ensuite nommer le nombre manquant dans une suite.
  On peut résoudre de tête de petites opérations de calcul : *five plus eleven?*

• Discrimination entre "teen" et "ty"
• Lien avec les activités de numération en L.M.

2.7. Parler pour bouger

- Cette activité va de pair avec celle de Simon Says en 1.5 de compréhension orale. C'est un élève qui remplace l'enseignant, puis on peut y jouer par petits groupes.
  Variante : l'enseignant guide les élèves dans un parcours dans la cour de récréation.

• Utilisation des verbes d'action.
• Jeu.
• Lien avec l'EPS.

3. LIRE • compréhension écrite

3.1. Lire pour associer mots et sons

Les activités de lecture et production écrite ne peuvent être introduites qu'après une manipulation orale de la langue avec les élèves, pour éviter les erreurs de prononciation et d'accentuation. Cependant, en CM, l'écrit permet souvent de découper la chaîne sonore (how are you? se découpe en 3 éléments)et donc de mémoriser à long terme.

- L'enseignant prépare des étiquettes des noms de pays, prénoms, noms d'objets sur lesquels il a travaillé avec les élèves en compréhension et expression orales. Les élèves doivent associer images et mots en anticipant sur le rapport phonie/graphie.

• Prendre conscience de certaines régularités (et irrégularités) dans le rapport phonie/graphie

3.2. Lire pour trier

- Les élèves doivent trier les étiquettes mots en deux colonnes : celles qui répondent à la question
  What's your name? (prénoms) et celles qui répondent à la question *what is it?*
  On peut aussi faire un tri par similitude de sons entendus : *Mike/bike, Kate/cake.*

• S'entraîner à reconnaître les sons.

3.3. Lire pour identifier

- Les enfants disposent de petites cartes d'identités fictives qu'ils doivent associer à des personnages *(annexe 7)*. Pour ce faire, ils doivent être capables de lire un prénom, un nombre, un nom de pays. Ils associent ces fiches à des portraits représentant des personnages d' âges assez contrastés, surmontés d'un petit drapeau.

• Première lecture globale d'un message.
• Introduction d'une dimension culturelle.

3.4. Lire pour situer des pays sur une carte

- L'enseignant dispose d'une carte du monde et d'une carte du Royaume-Uni *(voir 1.6)*.
  Il affiche des étiquettes-mots *(England, Scotland...)* et les élèves doivent les poser sur les pays correspondants.
  Variante : on peut proposer les noms avec les lettres en désordre et les élèves les remettent en ordre en épelant.

• Ré-activer l'alphabet.

4. ÉCRIRE • expression écrite

4.1. Ecrire pour remettre en ordre

- Activité de *living sentences :* remettre en ordre des phrases entendues en prenant l'étiquette correspondant à chaque mot pour se ranger dans l'ordre voulu. On peut travailler les formes affirmatives et interrogatives : *it /is ; is/it/blue? ; what/is/it?, I/am/ Peter ; What/'s/your/name? etc.*

• Première production guidée de phrases.
• Découpage de la chaîne sonore.
• Prise de conscience de régularités dans l'ordre des mots.

4-2. Ecrire pour jouer

- Il s'agit de remplir une carte d'identité fictive, à l'écoute d'un court dialogue : *I'm Kate and I'm eight and I live in the States.* La particularité étant que chaque présentation cumule une similitude de sons *Kate/eight/States* pour des graphies parfois différentes *(annexe 8 +* CD*)*. L'élève doit remplir les cases manquantes sur des fiches de type : *I'm... And I'm... And I'm from...*

- On peut ensuite utiliser ces cartes remplies pour un jeu de devinettes. Après les avoir exposées au tableau, l'enseignant distribue les cartes au hasard. Un élève lit une carte sans le prénom. Les autres doivent deviner le prénom (son voyelle présent dans ce qu'il entend) :
  I'm eight and I live in the States.
  – You're Kate!

• Prise de conscience des rapports phonie/graphie à travers une dictée ciblée.
• Écoute active et repérage de sons.

4.3. Écrire pour s'habituer à la graphie anglaise

- On peut commencer à remplir une fiche d'identité qui sera enrichie au fil des acquis et copier les premiers mots suivant les thèmes traités.

ÉVALUATION

1. Compréhension orale

- L'enseignant distribue des planches et désigne oralement des objets en précisant selon le cas : la taille, la couleur et le nombre. Les élèves doivent identifier l'« objet » et le colorier :
  – on associe adj. de couleur ou qualificatif + nom (a blue train, a small orange…) ;
  – on associe nombre + nom, ou nombre + adj. + nom, suivant la difficulté requise (three roses, six green balls…).

2. Production orale

- Chaque élève désigne plusieurs objets de son choix en les décrivant.

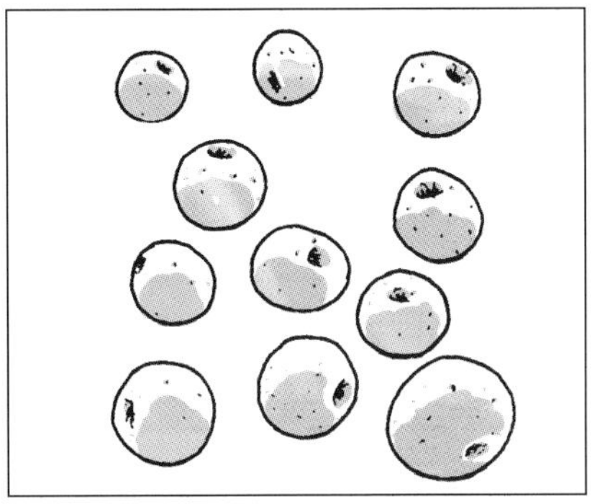

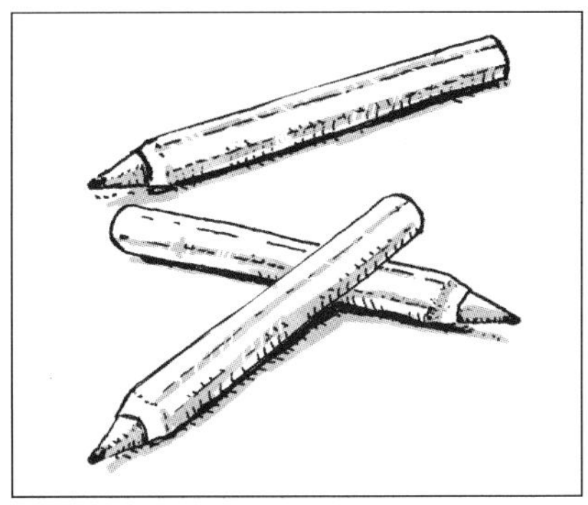

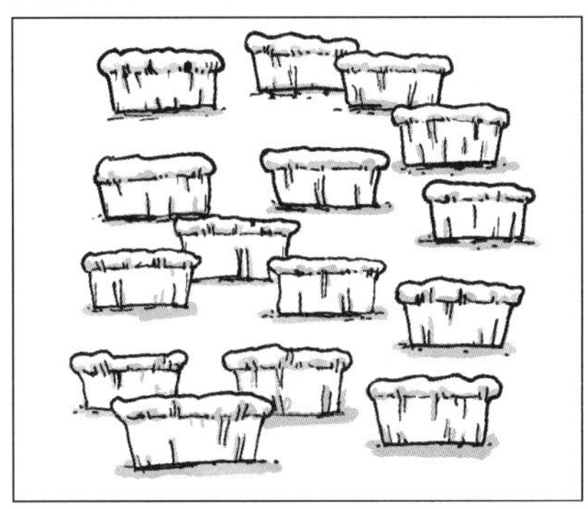
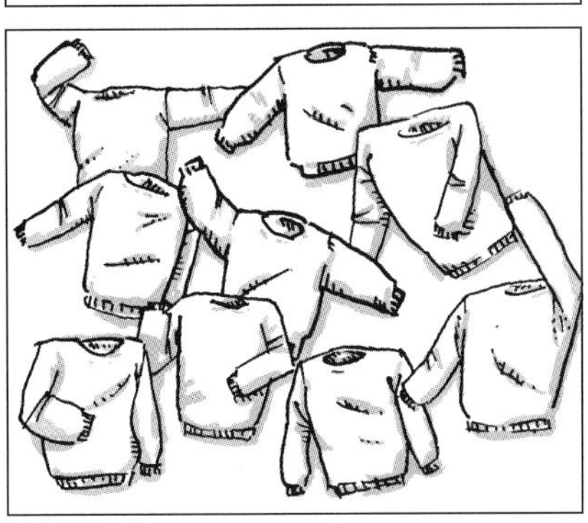
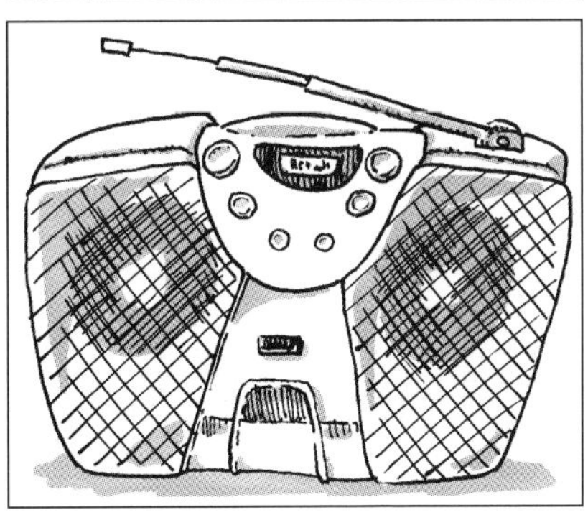

ANNEXES

ANNEXE 1

Mots transparents (rapport phonie/graphie)

- Faire entendre les mots enregistrés et faire prendre conscience aux élèves des raisons de leur difficulté à en comprendre certains (prononciation et accentuation différentes)
  Classer les mots par schéma accentuel.

TELEVISION O o o o	FOOTBALL O o	CHEWING-GUM O o o	TENNIS O o	TABLE O o	GUITAR o O
RUGBY O o	HAMBURGER O o o	CASSETTE o O	EUROPE O o	CORNER O o	TAXI O o
SANDWICH O o	GAME-BOY O o	TOMATO o O o	BANANA o O o	POTATO o O o	CAMPING O o
JOGGING O o	CEREAL O o	SWEAT-SHIRT O o	TERRIBLE O o o	HORRIBLE O o o	KETCHUP O o
ORANGE O o	ELEPHANT O o o	LION O o	WEEK-END O o	GARAGE O o	

ANNEXE 2

Names

- Hello! I'm George. I live in England and I'm ten years old.
- Hi! My name's Victoria. I'm seven and I live in Scotland.
- Good morning! I live in Wales. I'm nine years old and my name's Mike.
- Hello! I'm Luke. I'm eleven and I live in England.
- Hello! I'm Kate. I'm eight and I live in France !
- Hi! I live in America. My name's Richard and I'm ten.
- Hello! My name's Sarah. I'm ten too and I live in Ireland.
- Good morning! I live in England. My name's Peter and I'm twelve.

PETER	**JOHN**	**MARK**	**GEORGE**	**LU**CY
VIC**TO**RIA	**LI**SA	**SA**RAH	**CLARE**	**DA**VID
HELEN	**JANE**	**KATE**	**LUKE**	**JEN**NY
SIMON	**ED**WARD	**MIKE**	**WIL**LIAM	**MA**RY
ANN	**WEN**DY	**CHRIS**TOPHER	**KER**RY	SA**MAN**THA
JACK	**RICH**ARD	**MAT**THEW	**SAL**LY	**AL**AN
OLIVER	**HUGH**	**PAUL**	**PHI**LIP	**KEN**

Distribuer les étiquettes-noms aux élèves et les classer (ou faire l'appel par schéma accentuel).
Exemple :
PETER, DAVID, LUCY, SIMON... : Oo
SAMANTHA, VICTORIA : oOo
OLIVER, CHRISTOPHER : Ooo
etc.
Épeler son nom : *Can you spell...?*

Phonologie :
Phonèmes spécifiques
Ma<u>tth</u>ew, Saman<u>th</u>a...
<u>H</u>ugh , <u>H</u>elen...

Diphtongues dans :
K<u>a</u>te ; M<u>i</u>ke, S<u>i</u>mon...

ANNEXE 3

Bingo!

11		8	1	13
	6		9	7
5	12	3	17	
10	20	19		2
15			14	18

7	9		16	11
2	12	4	8	
	3	13		1
17		15	5	20
18	19		10	

5	11	14		12
4	7	8	13	1
17	10		2	
	3	9	15	18
19		20		

20	2	10		19
	6	16	8	11
12	13		1	5
		15		3
16	9	7	14	

ANNEXE 4

Les quatre emblèmes du Royaume-Uni : la rose, le poireau, le chardon et le trèfle.

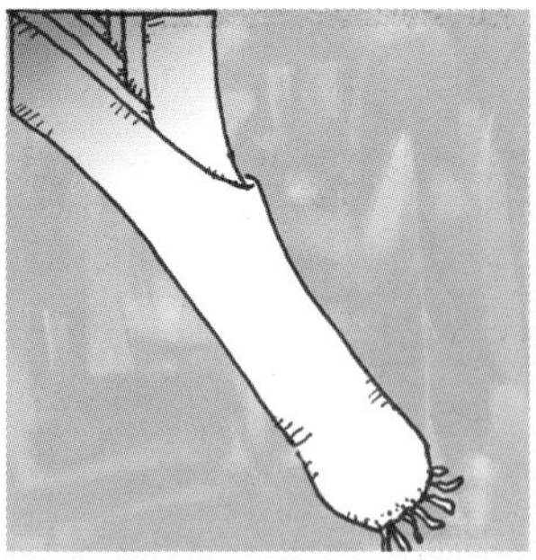

ANNEXE 5

ONE POTATO, TWO...

One potato, two potato, three potato four ;
Five potato, six potato, seven potato more ;

- Se pratique en cercle, les enfants tiennent leurs poings fermés devant eux. Le "diseur" de comptine tape sur chacun des poings à tour de rôle pour chaque syllabe accentuée. Lorsqu'il tape en disant "more", l'enfant met son poing derrière le dos. Celui qui reste avec le dernier poing au milieu a perdu. Il prend la place du « diseur ».
- On peut remplacer "potato" par "tomato" ou "banana", mots ayant le même schéma accentuel.

TEN LITTLE INDIANS

One little, two little, three little Indians ;
Four little, five little, six little Indians ;
Seven little, eight little, nine little Indians ;
Ten little Indian boys.

- Peut se chanter ensuite en ordre décroissant.
- À chaque fois que l'on compte un petit indien de plus, un élève peut se lever.

TEN GREEN BOTTLES

Ten green bottles standing on a wall, (bis)
But if one green bottle should accidentally fall,
There'd be nine green bottles standing on a wall.

Nine green bottles standing on a wall, (bis)
But if one green bottle should accidentally fall,
There'd be eight green bottles standing on a wall.
Etc.

- Peut se mettre en scène : dix enfants sont debout sur une estrade et sautent à tour de rôle en bas de l'estrade à chaque fois que tombe une bouteille.

ONE,TWO, BUCKLE MY SHOE...

One, two, buckle my shoe,
Three, four, open the door,
Five ,six, pick up sticks,
Seven, eight, lay them straight,
Nine, ten, a big fat hen !

- Chacune des actions peut être mimée en même temps que l'on dit la comptine.

ANNEXE 6

Fiche 1 - À distribuer aux élèves

Fiche 2 - À distribuer aux élèves

- Suggestions pour l'enseignant :

  – A blue ball, a red ball ;
  – A green car, a brown car ;
  – A red rose, a white rose, a purple rose, a pink rose ;
  – A brown chair ;
  – A yellow bike, a blue bike, a red bike, a green bike, a black bike ;
  – A green book, a purple book, a red book , a blue book ;
  – A black taxi, a yellow taxi, a blue taxi ;
  – A red pen, a purple pen, a blue pen ;
  – A white cat, a black cat, a brown cat ;
  – Two white sheep, a black sheep ;
  – A yellow ship, a purple ship, a red ship ;

ANNEXE 7

I'm Peter
I'm thirty
I'm from England

I'm Wendy
I'm fifty
I'm from Ireland

I'm Mike
I'm nine
I'm from Ireland

My name's Richard
I'm ten
I'm from America

My name's Kate
I'm eight
I 'm from England

I'm Paul
I'm four
I'm from Scotland

ANNEXE 8

Hi! I'm K**a**te and I'm **ei**ght. I'm from the St**a**tes.
Hi! I'm eight. I'm from the States. I'm…

Hello! I'm M**i**ke and I'm n**i**ne. I'm from **I**reland.
Hello! I'm nine. I'm from Ireland. I'm…

Hello! I'm K**e**n and I'm t**e**n . I'm in a t**e**nt !
Hello! I'm ten. I'm in a tent! I'm…

Hi! I'm P**au**l and I'm f**our** and I'm from Singap**o**re.
Hi! I'm four. I'm from Singapore. I'm…

Hello! I'm Ph**i**lip and I'm f**i**fteen and I'm from **I**ndia.
Hello! I'm fifteen. I'm from India. I'm…

People

Dans cette unité, qui a pour objectif l'acquisition des thèmes lexicaux relatifs aux présentations (nom, âge, nationalité), à la famille, à l'environnement culturel et familier (personnages célèbres, héros, amis…), on apprendra à se présenter, à présenter sa famille et ses amis, à questionner quelqu'un sur son identité et à parler d'une tierce personne, familière ou célèbre.

People : me, my family, my friends, famous people

LANGUE

Lexique :
les personnes, les membres de la famille, les pays et adjectifs de nationalité, les métiers, quelques adjectifs descriptifs

Eléments langagiers :
Be + adjectif. toutes personnes, trois formes,
Have got toutes personnes, deux formes,
What? - Who? - Where? - How many? - Réponses courtes

Phonologie :
Contractions *(what's..., he's got,...)*
Accentuation *(**Ca**nada, Ca**na**dian)*
Intonations diverses

CULTURE

Les pays anglophones
Les correspondances/échanges avec de jeunes anglophones.

HISTOIRE

Recherche sur des personnages historiques connus du monde anglophone

GEOGRAPHIE

Monde anglophone et monde francophone

ARTS ET MUSIQUE

Peintres et musiciens du monde anglophone

TICE

Recherches sur Internet et correspondance télématique

CONTENUS

LANGUE

Fonctions	Exemples	Éléments langagiers	Phonologie
Se présenter : – dire son nom – dire son âge – dire où l'on habite – donner sa nationalité	 *My name's/I'm* *I'm ten (years old)* *I live in...* *I am/I'm English*	 *My* *Be* *Live in* adjectifs de nationalité	 Diphtongues /ei/ /ai/
Questionner quelqu'un : – sur son âge – son adresse – sa nationalité	 *How old are you?* *Are you ten?* *Where do you live?* *What's your nationality?* *Are you English?*	 *How old* *are you...?* *Where...?* *What's your...?* *Are you...?*	 Intonation montante : *Are you...?* Intonation descendante : *What's...? Where...?*
Répondre aux questions :	*I am eleven/ French* *Yes I am/No, I'm not* *I live in...*		 Intonation descendante
Présenter sa famille : dire que l'on a ou pas des frères des sœurs, des cousins...	 *I've got two sisters* *I've got no brothers*	 *Have got* *Haven't got*	 Réalisation de /ð/ dans *brother, father, mother*
Questionner quelqu'un sur sa famille	*Have you got brothers /sisters?* *How many ... have you got?*	 *How many*	 Réalisation du /h/ dans *how*
Présenter une personne : Donner : – son nom – son âge – sa nationalité – son adresse – son métier – ses caractéristiques principales	*This is...* *His/her name's...* *He/she's ten years old* *He/she lives in...* *She/he's an actress/an actor* *She / he's young.*	 *His, her* *Be* + âge, nationalité *A(n)* devant métier	 Réalisation du /h/ Phonèmes spécifiques
Questionner sur une personne : *(cf. questionner quelqu'un)*	*Who's this?* *What's his/her name?* *What's his/her job?* *What's his/her nationality?* *Is he/she...?*	*Who, what* *His, her*	 Réalisation du /h/
Parler de ses préférences ou de celles d'une personne Questionner sur les préférences	*My favourite singer is ...* *Her favourite actor is...* *Who/ What's your favourite...?*	*My, your* *His, her*	 Diphtongue dans *favourite*

CULTURE

- Correspondance/échanges avec des jeunes anglophones pour parler de soi, de sa famille, ses amis.

TRANSDICIPLINARITÉ

HISTOIRE

Quelques personnages.

GÉOGRAPHIE

Pays, nationalités.

ART ET MUSIQUE

Peintres et musiciens du monde anglophone.

1. ÉCOUTER • compréhension orale

1.1. Écouter pour répéter

- Jeu de balle : L'enseignant commence en se nommant *My name's…*, puis il lance la balle à un élève en demandant : *What's your name?* (le geste du lancer doit suivre le mouvement de l'intonation descendante). L'élève répond et relance la balle au maître qui relance la balle à un autre élève, ainsi de suite.

• Réactiver les activités de présentation (voir Basics) et le travail sur le schéma intonatif.

- **Jeu de balle** (bis) : cette fois, l'élève répond à la question et lance à son tour la balle à un camarade en posant la question de nouveau, sans intervention de l'enseignant dans le jeu.

• Apprendre à se concentrer pour être prêt à répondre à la question à tout moment
• Joindre la parole au geste.

- **Jeu de balle** (ter) : on reprend la même activité en adoptant des prénoms anglais, puis des identités fictives (Pinocchio, Robin Hood, Peter Pan, Zorro, Snow White, etc.) représentées sur des fiches que l'enseignant distribue au hasard aux élèves.

• Travailler sur l'accentuation des mots 'connus ' en français (voir Basics)

- Introduction des autres structures de présentation : *How old are you? Where do you live? What's your nationality? Are you French? etc.*
  Chaque élève dispose d'une carte (drapeau, nom de pays, nom de ville, nombre pour les âges) qu'il utilise selon la structure à mettre en place *(voir annexe1).*

NB. Bien installer la prononciation avant d'introduire les fiches mots dans le jeu.

• Réactiver le travail de phonologie et les structures introduites dans Basics.

1.2. Écouter pour chanter

Chanson : *Hello, hello, what's your name ?* (Let's chant, Let's sing, Carolyn Graham, OUP). Les élèves écoutent la chanson pour en comprendre les structures : 5 couplets correspondent à 5 enfants : 2 filles, 2 garçons puis 1 fille. Le groupe chante la question, les élèves représentant les 5 enfants répondent. Plusieurs écoutes sont nécessaires.
Les élèves ré-écoutent la chanson pour repérer les différents prénoms puis on vérifie leurs hypothèses en ré-écoutant la chanson.
On pourra, une fois la chanson apprise et chantée en deux groupes, changer les prénoms, en rajouter, créer sa propre version.
Autres « chants » ou chansons possibles sur ce thème :
How old are you? (CE1 sans frontières).
The farmer's in his den (ibid).
Who's that knocking? (CDDP 24)
This is my friend? (Let's chant ,let's sing, C.Graham, OUP.)
The family song (ibid)
Who's she? (ibid)
The tall teacher chant (ibid)
Chansons choisies dans le répertoire des élèves.

• Isoler l'information demandée
• Vérifier que l'on a bien entendu
• Discriminer certains éléments du discours par une écoute fine.
• S'imprégner du rythme de la langue.

1.3. Écouter pour obéir à des instructions:

Chaque élève dispose d'une carte (âge, nom de ville, nom de pays, nom de personnages, etc.). *(annexe 1 +)*
L'enseignant (puis un élève animateur) donne les instructions :
If you are American, stand up! If you live in Chicago, come here!, If you are British, point to the door!…

• Ecouter pour montrer que l'on a compris.

1.4. Écouter pour reconnaître *(annexe 2 + ◎)*

- Chaque élève dispose d'un tableau à double entrée. Il écoute les 6 personnages du tableau se présenter en donnant leur âge, leur nom, leur adresse, leur nationalité. Il renseigne le tableau au fur et à mesure. Plusieurs écoutes sont nécessaires, ainsi qu'une pause entre chaque présentation.

• Ecouter pour sélectionner des renseignements utiles.

- Les élèves cochent des phrases vraies ou fausses pendant que l'enseignant lit des phrases correspondant aux personnages de l'exercice ci-dessus.
- Les élèves écoutent des enfants qui présentent leur famille *(annexe 3+ ◎)* et renseignent en conséquence le tableau fourni.
- Les élèves entendent trois enfants qui énumèrent les membres de leur famille. Ils doivent renseigner le tableau à double entrée (3 cousins, 2 grandmas, 1 brother,...). *(annexe 3bis)*

1.5. Écouter pour comprendre une histoire authentique

My cat likes to hide in boxes (Picture Puffins.)

Après une présentation des mots clés à l'aide de supports visuels, les élèves écoutent l'histoire plusieurs fois pour bien comprendre la structure narrative (texte accumulatif, rimé, incluant des noms de pays) afin d'être capable petit à petit de répéter puis de raconter .

On peut ensuite raconter sa propre histoire, à la manière de... en utilisant d'autres noms de pays et d'autres activités.

• Emettre des hypothèses sur le sens en fonction d'images.
• Mémoriser de façon à restituer un texte.

1.6. Écouter pour communiquer

- Les élèves se posent des questions en ré-utilisant les structures connues *what's your nationality?, have you got a brother?, what's his name?, who's your favourite singer/actor?...* d'abord de façon guidée par l'enseignant (questions de l'enseignant, réponses d'un élève), puis de façon plus autonome (questions des élèves entre eux).

• Etre attentif en situation de communication
• Ecouter les autres.

- Les élèves utilisent les questions des camarades utilisées lors des enquêtes de classe *(voir Glossaire : Class survey).*

• Communiquer de façon authentique.

1.7. Écouter pour deviner

Dans toutes les activités de devinettes décrites dans la partie PARLER, les élèves doivent être particulièrement à l'écoute de tout ce qui se dit et à l'écoute les uns des autres pour être les premiers à deviner de qui (de quoi) l'on parle.

• Développer des stratégies d'écoute.

2. PARLER • expression orale

2.1. Parler pour répéter

Les élèves répètent le modèle donné par l'enseignant, d'abord en chœur puis individuellement. L'enseignant ré-active les formes de présentation.

• Ré-activer ses acquis (voir Basics)

- Le jeu de balle *(voir ÉCOUTER)*
- **Merry-go-round**
  On fait tourner une question et une réponse le plus vite possible autour de la classe. Exemple : *How old are you? – I'm 10. – How old are you?...*
  On peut utiliser des réponses authentiques dans un premier temps et assumer ensuite des identités fictives pour relancer l'intérêt. Chaque élève a alors une carte portant le

• Acquérir des automatismes
• Travailler le schéma intonatif ,la prononciation et l'accentuation.
• Mémoriser des structures

nom d'une ville française ou étrangère, un nom fictif, une nationalité…, et les questions varient : *Where do you live? What nationality are you? What's your name?…*
Variante : on peut faire tourner plusieurs questions, chaque élève en choisissant une différente de la précédente.

2.2. Parler pour répondre dans les activités guidées par l'enseignant

Exemple:
How old are you ? – I'm ten/ I'm ten years old.
Are you eleven? – No, I'm not.
Where do you live? – I live in…
Who's this? – It's…
Have you got brothers and sisters? – Yes, I have/no, I haven't.
How many brothers and sisters have you got? – I've got…
How old is he/she? – He/she is…
Dans ces activités de pratique guidée, l'enseignant délèguera progressivement la parole aux élèves qui se questionneront entre eux.

• Prendre la parole de façon guidée.

2.3. Parler pour participer à un jeu

- **Jeu de *Memory*** :
  Deux ensembles de cartes sont disposés au sol ou sur une table, faces cachées. Les élèves doivent reconstituer le maximum de paires (exemple : *Britain/British* ou image/mot…) en soulevant deux cartes à chaque fois. Le jeu se joue avec deux équipes. L'équipe qui a trouvé une paire marque un point et a le droit de rejouer. Pour que le tour soit validé, l'élève doit lire tout haut la carte.

• Utiliser ses acquis dans un contexte motivant.

- **Jeu des 7 familles** *(annexe 4)*
  Se joue par groupes de 4 ou 5 joueurs. Chaque joueur a 8 cartes, le reste constituant la pioche. Pour commencer, on peut constituer des familles par couleur.
  Exemple : *Have you got the green sister?…*
  On utilise plutôt *brother* et *sister* que *son* et *daughter* comme dans un jeu de 7 familles traditionnel.
  On introduira les formules propres au jeu : *it's your/my turn, pick up a card, here you are, please, thank you.*

• Complexifier l'expression.

- **Jeux de devinettes**
  Se joue avec des cartes (7 ou 8) connues des élèves.
  Un élève choisit secrètement une carte, portant un nom de pays, un âge, un nom, etc. et la classe lui pose des questions : *Are you ten years old?…*, pour deviner de qui il s'agit. Le premier élève répond en n'utilisant que des réponses courtes.
  On peut jouer avec les 6 personnages des fiches de l'activité 1.4
  On peut enrichir le jeu en jouant avec des personnages connus des enfants : Peter Pan, Robin Hood, Zorro, Popeye, Astérix, Spiderman, Alice in Wonderland… ce qui permet d'introduire des questions de type : *Are you American?, Are you very strong?, Are you beautiful?…*
  - À un stade ultérieur, on peut utiliser des personnages célèbres connus des élèves et questionner à la 3e personne du singulier.
  - Tous ces jeux peuvent se jouer collectivement, puis en « pair work ».

• Prendre des risques en osant prendre la parole
• S'exprimer dans une situation autonome et authentique.
• Travailler le questionnement et les réponses courtes.

- **The quiz game** *(annexe 5)*
  Les élèves ont une carte d'identité fictive et une fiche d'information à compléter. Ils doivent circuler dans la classe et chercher les informations demandées au moyen de questions : *Do you live in London? / Are you 25?…*

• Rechercher des informations en situation de classe.

2.4. Parler pour communiquer des informations

- Présenter quelqu'un à la classe: un élève montre une photo d'un membre de sa famille, un ami, un personnage célèbre… et le présente : *This is my brother, he's 26, he lives in… he's very tall, he's a doctor…*

• Oser prendre la parole en continu devant un groupe.

- **Project work** *(voir* ÉCRIRE*)*
  Après une recherche faite en classe sur des personnages historiques, des artistes, des savants,… des pays anglophones, les élèves présentent un personnage à la classe.

Ex. *This is Steven Spielberg, he's American…*

2.5. Parler pour participer à un sketch, un jeu de rôle

On choisit une situation que les élèves mettent en scène.
Exemple : l'interview d'une personne (personnalité) par un journaliste. Les élèves utilisent toutes les questions connues, ainsi que les formules de communication appropriées.
Cette activité peut être reprise régulièrement pour rebrasser les fonctions langagières apprises : *at the police station, at a party,…* On change le ton du dialogue suivant la situation.
Variante : le TV quiz show.
En liaison avec le Project work *(voir* ÉCRIRE*)*, un élève joue le rôle de l'animateur et pose des questions à des candidats.

• Jouer avec la langue en changeant l'intonation en fonction des diverses situations de communication.

2.6. Parler pour enquêter dans la classe *(voir Glossaire : class survey)*

Ces activités peuvent se pratiquer en liaison avec un travail en mathématiques par exemple : graphiques, proportions, pourcentages *(annexe 6).*

• Rechercher des informations utilisables dans d'autres disciplines.

3. LIRE • compréhension écrite

3.1. Lire pour reconnaître à l'écrit les énoncés maîtrisés à l'oral

- Lire les énoncés des chansons apprises à l'oral.
- Lire le lexique dans les jeux de memory.

• Faire le lien entre phonie et graphie.

3.2. Lire pour construire des phrases

- *Living sentences (voir Glossaire)* **:**
  Remettre les mots dans l'ordre de la phrase énoncée.

• Réfléchir sur le fonctionnement de la langue.
• Lire pour construire du sens.

- Relier les questions et les réponses travaillées à l'oral *(annexe 7).*

• Lire pour comprendre.

3.3. Lire pour comprendre des informations

- Lire des questions sur son identité pour y répondre(avec des éléments de réponse fournis ou non selon le niveau d'exigence).
- Lire des questions sur un personnage connu *(voir* PARLER*).*

• Lire pour comprendre.

3.4. Lire pour deviner l'identité de quelqu'un

- On peut travailler sur des identités réelles ou fictives *(voir* PARLER*).*

• Lire pour communiquer.

3.5. Lire pour avoir des informations

- Les élèves peuvent rédiger des fiches de renseignements lors de la recherche sur le Project work. Ces fiches, sur des personnages historiques du monde anglophone, peuvent être ensuite lues en classe.

• Lire pour acquérir des connaissances dans divers domaines.

3.6. Lire pour vérifier des informations

- Les élèves lisent des phrases vraies ou fausses sur des personnages connus ou des camarades de classe et doivent se prononcer sur leur véracité : *right or wrong*.

• Travailler sur le sens.

4. ÉCRIRE • expression écrite

4.1. Écrire pour fixer les énoncés maîtrisés à l'oral

- Trace écrite : on peut écrire dans le cahier, pour mieux le mémoriser, le lexique utilisé dans l'unité. Il vaut mieux l'illustrer que recourir à une traduction.
- Copier le texte des chansons.

• Utiliser l'écrit pour fixer ses acquis.

4.2. Reconstituer des phrases à partir de mots en désordre

4.3. Reconstituer un dialogue, déjà joué en classe, à partir de phrases en désordre *(cf. activité 2.5)*

• Réfléchir sur le fonctionnement de la langue.

4.4. Écrire pour communiquer

- Dans le cadre d'une correspondance scolaire, on peut se présenter, présenter sa famille, parler de ses stars préférées.

• Communiquer dans une situation authentique.

4.5. Écrire pour créer

- On peut créer sa propre affiche pour présenter sa famille, son héros préféré ou tout autre personnage. (voir personnages utilisés dans Jeux et devinettes dans le chapitre PARLER)
  Exemple : *I am a man. I am American. I am very strong. I love spinach... I am POPEYE.*

• Exposer son travail.
• Echanger avec d'autres classes.

4.6. Project work

- En liaison avec d'autres disciplines (histoire, géographie, arts, musique, math., initiation aux nouvelles technologies...), on peut effectuer des recherches sur des personnages célèbres du passé ou du présent dans des domaines divers : littérature, peinture, sciences, musique, histoire, etc.
- On rédigera alors des fiches de renseignements sur ces divers personnages.

• Travailler en interdisciplinarité.
• Travailler la dimension culturelle.
• Utiliser la langue comme outil de transmission de savoirs dans des domaines divers.

ÉVALUATION

1. ÉCOUTER • compréhension orale

1.1. Lexique

- Les élèves disposent d'une grille *(voir ci-dessous)*. L'enseignant dicte une série de mots. Les élèves notent le numéro d'apparition du mot sous le dessin correspondant.
  1 : a man ; 2 : a girl ; 3 : a boy ; 4 : a grandmother ; 5 : a woman ; 6 : a princess ; 7 : a baby ; 8 : a doctor.

N.B. On pourra pratiquer le même type d'évaluation avec d'autres éléments du lexique.

1.2. Structure

- L'enseignant énonce les descriptions des 4 personnages. Les élèves doivent les reconnaître.

Ex. 1. I am a hero. I am American. I am a cow-boy.
(Lucky Luke)
2. I'm a girl. I'm beautiful and I am a princess.
(Snowhite)
3. I live in America. I am very strong. I am a man but I'm not a cow-boy.
(Popeye)
4. I am not a boy. I'm Italian. My father's name is Gepetto.
(Pinocchio)

1.3. Phonologie

- L'enseignant énonce une série de mots. Les élèves notent où se trouve la syllabe accentuée en cochant la bonne case.

Syllabe / Mot	1re	2e
1.		
2.		
3.		
4.		
5.		
6.		
7.		

Exemple : <u>Bri</u>tain, A<u>me</u>rica, <u>Bri</u>tish, I<u>ta</u>lian, <u>It</u>aly, Au<u>stra</u>lian, <u>Zo</u>rro.

2. PARLER • expression orale

- Chaque élève se présente oralement en disant son nom, son âge, sa nationalité, où il habite (selon le niveau, on peut lui demander de parler de sa famille également).

N.B. Les présentations seront enregistrées et évaluées ensuite. À un stade ultérieur, on peut demander à l'élève de présenter un personnage de son choix, ou un personnage tiré au sort.

3. LIRE • compréhension écrite

- Les élèves doivent replacer les mots en désordre sous le bon dessin.

Ex. *A man, a boy, a girl, a football player, a princess…*

- Les élèves lisent 4 descriptions de personnages connus de la classe et doivent les identifier.

4. ÉCRIRE • production écrite

- L'enseignant distribue un arbre généalogique. Les élèves doivent le compléter avec les membres de la famille étudiée (selon le niveau, les mots peuvent être fournis ou non : *brother, sister, father, mother, grandfather, grandmother*).

- Chaque élève décrit un personnage de son choix (ou imposé) en 2 ou 3 phrases.

Ex. *I am a man. I live in…. I am strong.*
This is…. He is a man. He is …. He lives in ….

ANNEXE 1

Flags/Countries/Nationalities

Flags

Countries	FRANCE	GREAT BRITAIN	AUSTRALIA	CANADA	USA	SPAIN	ITALY	IRELAND
Nationalities	French	British	Australian	Canadian	American	Spanish	Italian	Irish
Cities	Paris	London	Sydney	Ottawa	Chicago	Madrid	Rome	Dublin

ANNEXE 2

Écouter pour reconnaître

	Alan	**Linda**	**Joe**	**John**	**Kate**	**Catherine**
Age						
Address						
Nationality						

1. Hi! My name's Alan. I live in Manchester. I'm British. I'm 13 years old.
2. Hello! I'm 11. My name's Kate. I live in New-York but I'm Australian.
3. Hi! I live in Washington and my name's Joe. I'm 11 and I'm American.
4. Hello! I'm American, I'm 12 years old. I live in London and my name 's Catherine.
5. Hello! My name's Linda, I'm Australian. I live in Sydney and I'm 12 years old.
6. Hello! I'm British. I live in London. My name's John and I'm 13 years old.

ANNEXE 3

Écouter pour reconnaître

	name	father	mother	Number of sisters	name(s)	Number of brothers	name(s)
1							
2							
3							
4							

1 Hello! My name is Rebecca. My mother's name is Linda and my father's name is Joe. My big brother is called Billy and my little brother is called Gary.

2 Hello! My name's Kevin. I've got two sisters, Lucy and Mary and one brother called Jack. My father's name is John and my mother's name is Sally.

3 Hello! My name is Billy. I haven't got any sisters but I've got two brothers, Alan and Michael. My mum and dad are called Suzy and Peter.

4 Hello! My name's Sarah. I've got one sister called Pauline and two brothers, Peter and Simon. My mother's name is Jackie and my father's name is Paul.

ANNEXE 3 bis

	brothers	sisters	cousins	uncles	aunts	grandpas	grandmas
Suzy							
Peter							
Jill							

1 Hello ! I'm Jill. I've got two sisters and one brother. I've also got six cousins, two aunts, three uncles, one grandpa and two grandmas.

2 Hi ! My name's Peter. I've got one sister but no brothers. I've got one uncle and four aunts. I've got eight cousins, one grandpa and one grandma.

3 Hello ! I'm Suzy. I've got three brothers and seven cousins. I've got one aunt and four uncles, two grandpas and two grandmas.

ANNEXE 4

Happy families

colour	colour	colour	colour

the mother	the father	the big sister	the big brother
colour	colour	colour	colour

the little sister	the little brother	the grandmother	the grandfather

ANNEXE 5

The Quiz game

Nationality : Irish
Name : Sam
Address : Paris
Age : 16
Job : student

Nationality : French
Name : Paul
Address : Rome
Age : 21
Job : actor

Nationality : British
Name : Susan
Address : Bristol
Age : 2
Job : singer

Nationality : Italian
Name : Christina
Address : Paris
Age : 23
Job : journalist

Nationality : British
Name : Bill
Address : London
Age : 18
Job : football player

Nationality : Spanish
Name : Linda
Address : Madrid
Age : 20
Job : singer

Nationality : American
Name : Rachel
Address : Chicago
Age : 23
Job : actress

Nationality : American
Name : John
Address : New-York
Age : 30
Job : doctor

Nationality : Italian
Name : Tina
Address : Milan
Age : 20
Job : student

Nationality : British
Name : Victoria
Address : London
Age : 22
Job : pop star

Nationality : British
Name : Samuel
Address : Liverpool
Age : 22
Job : football player

Nationality : French
Name : Jackie
Address : Bordeaux
Age : 19
Job : student

Nationality : Australian
Name : Sarah
Address : Sydney
Age : 15
Job : student

Nationality : Irish
Name : Bob
Address : Dublin
Age : 24
Job : musician

Nationality : Canadian
Name : Kevin
Address : Toronto
Age : 18
Job : tennis player

Nationality : American
Name : Suzy
Address : Madrid
Age : 30
Job : doctor

Nationality : Irish
Name : Mary
Address : London
Age : 25
Job : actress

Nationality : French
Name : Franck
Address : Paris
Age : 20
Job : football player

Nationality : French
Name : Daniel
Address : Toulouse
Age : 28
Job : writer

Nationality : American
Name : Chris
Address : Boston
Age : 27
Job : doctor

NB. Dans un souci de complexification, on peut ne pas faire correspondre la nationalité et l'adresse.

ANNEXE 5
(suite)

Fiche d'information à compléter. Find :

1. *Who lives in London.*
....
....
....
2. *Who is 15 years old.*
....
....
....
3. *Who is Italian.*
....
....
....
4. *Who is American.*
....
....
....
....
5. *Who lives in Chicago.*
....
....
6. *Who is 20 years old.*
....
....
....
....
7. *Who is an actress.*
....
....
....
....
8. *Who is a pop star.*
....
....
....
9. *Who is a doctor.*
....
....
....
10. *How old Sam is.*
....
....
....

ANNEXE 6
Class surveys

Ask four friends :

how many… ?	brothers	sisters	cousins	aunts	uncles
friend n°1					
friend n°2					
friend n°3					
friend n°4					

Who's your favorite… ?	actor	actress	singer	writer	football player
friend n°1					
friend n°2					
friend n°3					
friend n°4					

ANNEXE 7
Match the questions and answers

(on peut scinder l'exercice en deux ou trois parties)

Where's London ? ◯	◯ No, I'm not.
What's your name ? ◯	◯ I'm British
Are you French ? ◯	◯ It's Zorro.
How old are you ? ◯	◯ My name's John.
What nationality are you? ◯	◯ No, I haven't.
What's his name ? ◯	◯ I'm twelve years old.
Have you got any sisters ? ◯	◯ Yes, he is.
How many brothers have you got ? ◯	◯ In Britain.
Who's this ? ◯	◯ I've got two.
Is he American ? ◯	◯ His name's Peter.

People

Fiche lexique (la syllable en gras est accentuée)

PEOPLE	**COUN**TRIES	**Pe**ter Pan
a boy	France	Pi**no**cchio
a girl	**Bri**tain	**Po**peye
a man	The U**ni**ted States	**Ro**bin Hood
a **wo**man	**Ca**nada	**Sno**white
a **ba**by	Aus**tra**lia	**Spi**derman
a **he**ro	**I**reland	**Su**perman
mother, **mum**my, mum	Spain	**Tin**kerbell
father, **da**ddy, dad	**I**taly	**Tintin**
grandmother, **gran**dma		**Zo**rro
grandfather, **gran**dad	NATIO**NA**LITIES	
brother	**Bri**tish	**JOBS**
sister	French	**ac**tor
aunt	**Spa**nish	**sin**ger
uncle	**Ita**lian	**wri**ter
cousin	A**me**rican	**ar**tist
a **fai**ry	Ca**na**dian	**sci**entist
a ma**gi**cian	Aus**tra**lian	mu**si**cian
	Irish	ma**gi**cian
ADJECTIVES		poli**ti**cian
tall / short	**FA**MOUS **CHA**RACTERS	**jour**nalist
young/old	Alice in **Won**derland	**doc**tor
big/small	**Bat**man	**ten**nis player
fat/thin	**Cap**tain Hook	**foot**ball player
rich/poor	Cinde**re**lla	**tea**cher
strong	**Fran**kenstein	**den**tist
good/bad	**Lu**cky **Lu**ke	**far**mer
beautiful/**u**gly	**Mer**lin	train (**lo**rry) driver
clever/**stu**pid		

At school

Le lexique, introduit dans cette unité, est réactivé toute l'année.
Les activités proposées dans ce thème pourront être fédérées dans la réalisation d'un calendrier-météo que l'on peut élargir à de nombreux évènements pour en faire un journal de bord. L'exploitation peut aller de la simple réactivation d'éléments factuels à un échange avec une autre classe ou école.

At school

LANGUE

Lexique
Le vocabulaire de l'école (la classe, les fournitures, les matières) ; l'heure ; les jours de la semaine ; les mois de l'année ; la date ; la météo.

Eléments langagiers
What's this? - What colour is it?
I've got, (S)he's got
Have you got...? - Whose...? It's Peter's
What time is it? What's the time? (o'clock, half, quarter past / to) - What's the weather like?
L'expression du passé (bilan météo)

Phonologie
Syllabe accentuée des jours de la semaine et des mois
L'intonation des questions ouvertes (Wh-)
L'intonation montante dans une énumération

CULTURE
L'école en Grande-Bretagne
Les uniformes

EXPRESSION CORPORELLE
Monday calls ...
Monday, Tuesday, ...

SCIENCES
Elaboration d'un calendrier avec bilan météo

MATHS
les nombres ordinaux

CONTENUS

LANGUE

Fonctions	Exemples	Éléments langagiers	Phonologie
Demander et Nommer	*What's this in English ?* *It's a schoolbag*	*What's this...* *It's a...*	contraction de *'what is'* et intonation descendante contraction de *'it is'*
Nommer au pluriel	*a book / books*		realisation du 's' pluriel
Dire ce que l'on possède ou pas Demander à quelqu'un s'il possède	*I've got a blue pen* *Have you got a rubber ?*	*Have got* *Have got*	Réalisation contractée de *'I have'* intonation de la yes-no question
Interroger quelqu'un sur le goût Exprimer un goût	*Do you like music ?* *I love/like/prefer...*	*Do you like... ?* Présent Simple	idem
Question et réponse sur la préférence	*What's your favourite... ?* *My favourite subject is...*		
Indiquer le rang Indiquer la place	*January is the first month...* *May is between...*	nombres ordinaux *Before,* *between, after*	
Demander et dire à qui appartient	*Whose book is it ?* *It's Peter's book*	*Whose... ?*	intonation descendante
Donner et demander une information : l'heure la date le temps Faire un bilan météo	 *What time is it ?* *What's the date today ?* *What's the weather like ?* *Yesterday, the weather was...*	 *Was* (passé de *be*)	 intonation descendante idem idem

CULTURE

L'école dans les pays anglo-saxons (vidéo: We're Kids in Britain)
Comptines traditionnelles

TRANSDISCIPLINARITE

EXPRESSION CORPORELLE
Comptines mimées
Monday calls ...
Monday, Tuesday, ...

SCIENCES
Élaboration d'un calendrier avec bilan météo.
Lecture et commentaire d'un tableau

MATHS
Les nombres cardinaux et ordinaux (régularité de leur formation, comparaison avec le français)

1. ÉCOUTER • compréhension orale

1.1. Écouter et répéter

Comptine : **One, two, three...** (Cette comptine est destinée à introduire le thème de l'école)

One, two, three, four,
Please come in and shut the door.
Five, six, seven, eight,
It's time for school, you're very late.
Nine, ten, nine, ten,
Don't be late for school again.

Mise en oeuvre :

a Les élèves écoutent et regardent l'enseignant qui mime la scène avec un élève qui joue le rôle du retardataire.

b *Join in!*, l'enseignant reprend la comptine et invite les élèves à se joindre à lui pour les gestes.

c Après un travail oral ligne par ligne et mémorisation, les enfants récitent la comptine accompagnée des gestes appropriés.

d Variante : exécution à plusieurs voix (par exemple : un groupe dit les chiffres, l'autre, les paroles).

- *Réactiver les acquis (les nombres).*
- *Total Physical Response (mimer les paroles).*
- *Associer le geste à la parole.*
- *S'approprier le rythme .*
- *Repérer et reproduire l'intonation montante et descendante.*

1.2. Écouter pour montrer ou répéter (en 3 étapes)

- Le matériel scolaire *(school things)*
  L'enseignant réunit les objets dont il a besoin (voir liste, maximum 10) et montre chacun d'eux en les nommant *(a pen, a rubber, sellotape...)* assorti du déterminant qui convient.

  - *Écouter pour associer un son à un objet.*

- *Show me!*, l'enseignant demande aux élèves de rassembler devant eux les objets dont il vont se servir. Puis il nomme les objets un par un en demandant aux élèves de les montrer.

  - *Exercer la concentration sur un exercice simple.*

- *Join in!*, l'enseignant recommence l'activité en invitant les élèves à répéter.

  - *Écouter et reproduire.*
  - *Respecter l'accent de mot.*

1.3. Écouter pour repérer l'accent de mot

Introduire les jours de la semaine : *Monday, Tuesday, Wednesday, Thursday, Friday, Saturday, Sunday.*

- Les faire écouter, faire compter les syllabes et repérer la syllabe accentuée (tous sont accentués sur la première syllabe).

NB. Il est souhaitable que l'enseignant fasse appel à des questions en anglais du type *How many syllables are there?* et *Which syllable is stressed?*, assorties du geste d'une personne qui compte. Ces questions, présentées sous forme de blocs linguistiques, déclencheront automatiquement une réaction dans un contexte plus authentique.

- *Sensibiliser à la spécificité accentuelle de l'anglais.*
- *Écouter pour repérer la syllabe accentuée.*
- *Trouver la régularité de l'accentuation dans cette série de mots.*

- Écouter et répéter en cadence
  Les élèves répètent après l'enseignant en tapant dans leurs mains sur la syllabe accentuée.
  Comme toutes les listes figées, l'apprentissage est avant tout mécanique.

  - *Associer le sensori-moteur à la production orale.*

1.4. Écouter et répéter

- **Les mois de l'année**
  Il s'agit, tout comme pour les jours de la semaine, de nommer les douze mois de l'année et d'en solliciter la répétition en frappant dans les mains sur la syllabe accentuée.
  1re syllabe accentuée : ***Jan**uary*, ***Feb**ruary* , ***A**pril*, ***Au**gust* ;
  2e syllabe accentuée : *Ju**ly**, Sep**tem**ber, Oc**to**ber, No**vem**ber, De**cem**ber.*

• *Écouter pour reproduire une liste finie.*
• *Associer le sensori-moteur à la production orale.*

- **L'heure** : *What time is it ?*
  Afin de sensibiliser les élèves à l'écoute de l'heure en anglais, l'enseignant indique l'heure sur une pendule en procédant par étapes : *o'clock, half past, quarter past, quarter to.*
  Les élèves sont invités à répéter et à identifier la valeur des quatre mots et expressions précédents.
  Le moment venu, ces derniers prennent la place de l'enseignant *(voir* PARLER*).*

• *Écouter pour comprendre.*
• *Inférer le sens des expressions utilisées.*

1.5. Écouter et comprendre

- **L'heure** : l'enseignant indique une heure et les élèves (qui doivent connaître l'heure en français) transcrivent.
  Ces derniers prennent plus ou moins rapidement le relais *(voir* PARLER*).*
- **La météo** *(annexe 1)*
  L'enseignant indique à chaque séance le temps et la température qu'il fait. Il introduit le vocabulaire de base à l'aide d'illustrations *(sunny, cloudy, windy...)* et de gestes *(cold, warm, hot)*. Un élève sélectionne les dessins correspondants et les place sur un calendrier-météo qui constitue l'élément essentiel du projet associé à ce thème. *(voir* PARLER*).*
  L'enseignant est invité à compléter le jeu d'illustrations fourni, soit de sa propre initiative, soit pour répondre à la demande des élèves.

• *Aborder la langue sous l'aspect communicatif.*
• *Apprendre pour réaliser un projet collectif.*

1.6. Écouter pour apprendre : prépositions indiquant le positionnement (before, between, after)

Au moyen d'aimants, l'enseignant aligne sur le tableau des lettres de l'alphabet (exemple : A, B, C, D, E, F) les élèves ont les mêmes devant eux.

- Dans un premier temps, l'enseignant déplace les vignettes en formulant le déplacement effectué (exemple : *E is before A, F is between C and D*, etc.). Les élèves se contentent de manipuler leurs vignettes tout en écoutant.
- Dans un deuxième temps, la manipulation s'accompagne de la répétition.

• *S'approprier à la fois le son et le sens.*
• *Réviser l'alphabet.*

1.7. Écouter pour ordonner

- L'enseignant nomme une série d'objets (2, 3, 4 ou plus sur un total d'une dizaine) que les élèves doivent sélectionner et arranger devant eux **à la suite** de son énumération. À la fin de l'énumération, l'enseignant (ou l'élève meneur de jeu) montre son modèle et les élèves comparent avec leur propre arrangement.
- Cette activité est très rentable pour l'apprentissage des couleurs au moyen des cubes en plastique emboîtables utilisés dans les petites classes de primaire où, une fois l'exercice terminé, l'élève compare sa construction avec celle de l'enseignant.

• *Exercer à la fois l'écoute prolongée et la mémoire.*

1.8. Écouter et repérer le(s) jour(s) ou le(s) mois manquant(s) (variante du jeu de Kim)

- L'enseignant énonce la liste des jours ou des mois en omettant un ou deux d'entre eux. Pendant ou après écoute, les élèves sélectionnent la carte avec initiale du/des mois manquant(s) qu'ils lèvent au-dessus de leurs têtes.
  L'enseignant répète la liste incomplète pour confirmer ou infirmer le choix des élèves.

• *Développer des stratégies d'écoute et de mémorisation dans le cadre d'une liste.*

1.9. Écouter pour identifier *(associé à PARLER 2.2.)*

Les élèves ont la grille de l'*annexe 3* sous les yeux et doivent :
– soit repérer la case identifiée par l'enseignant ou un élève (exemple : D4 = music) ;
– soit identifier la case à partir de son contenu (exemple : schoolbag = C2).

• Écouter, mettre en relation, déduire.
• Parler, écouter et comprendre.

1.10. Écouter et localiser dans une histoire *(annexe 2 + CD)*

- L'enseignant inclut une liste d'objets dans une courte histoire du genre proposé en *annexe 2*. Afin de rester dans une activité d'écoute et pour faciliter la procédure, l'enseignant doit s'assurer avant de commencer, que tout le monde possède un ensemble d'objets incluant ceux qui sont susceptibles d'être entendus dans les différentes histoires enregistrées. Deux histoires sont à la 1re personne et deux autres à la 3e. Au fur et à mesure du déroulement de l'histoire, les élèves sélectionnent les objets entendus.
Cette sélection peut s'opérer d'une des façons suivantes selon le degré de compétence des élèves :
– au fur et à mesure que se déroule l'histoire ;
– à la fin de l'histoire où la sélection sollicite la mémoire.
À l'issue de cette activité, l'enseignant fait réentendre l'histoire et montre les objets au moment où ils sont prononcés (en arrêtant la bande) de façon à ce que les élèves évaluent leur performance.

• Discrimination entre 'has got' et 'hasn't got'.

1.11. Écouter pour discriminer

- L'enseignant inscrit au tableau une dizaine d'heures différentes (exemples : A 9:15, B 10:30, C 7:45, D 12:00, etc.) qu'il énonce par la suite. Les élèves repèrent l'heure entendue et donnent la lettre correspondante.
Les heures peuvent être inscrites à l'avance sur la partie pliante du tableau.
- Variante : l'enseignant peut donner plusieurs heures à la fois

• Exercer et développer la concentration et la mémoire.

1.12. Écouter pour jouer *(annexe 3)*, exploitable lorsque tout le lexique aura été abordé

- Le jeu consiste à repérer dans un tableau des images ou des mots à partir de coordonnées énoncées soit par l'enseignant, soit par un élève (ex. B5). Un autre élève indique oralement par un mot le contenu de la case désignée *(ex. glue)*.

• Réactiver le vocabulaire et sensibiliser au rapport phoniegraphie selon les cases.

1.13. Écouter et associer : School subjects

- L'enseignant passe en revue les matières scolaires au programme *(voir Lexique)* en associant un objet (livre) ou un geste (sport, musique). Il renouvelle l'activité en se trompant volontairement à plusieurs reprises. Les élèves doivent réagir en disant *right* ou *wrong*.
- L'enseignant lance le nom d'une matière scolaire et les élèves réagissent en montrant un objet ou en mimant.

• S'auto-évaluer

2. PARLER • expression orale

2.1. Parler pour réciter (suite finie)

- Les élèves récitent les mois de l'année en suivant les creux et bosses du dos de la main (transposition d'un exercice pratiqué en CM).

• Anticiper le poème et préparer l'élucidation de certains termes.
• Mémoriser par automatismes.
• Faire un lien avec la culture anglophone.

- Parler pour réciter (poème)
Une fois le travail d'appropriation du lexique effectué *(voir écouter)*, le professeur récite le poème :
  - 1er temps : Les élèves comptent puis mémorisent les mois entendus avec rappel du nombre de jours de chacun ;
  - 2e temps : L'enseignant fait apprendre les trois premières lignes et déduire le sens de *all the rest* ;
  - 3e temps : Il procède de la même façon avec les trois dernières lignes pour faire découvrir le sens de *leap year*.

Thirty days have September
April, June and November.
All the rest have thirty-one
Except for February alone
It has twenty-eight days clear,
And twenty-nine in each leap year

• S'approprier les formes rythmiques et intonatives du poème.
• Mémoriser.
• Donner du sens.
• Préparer l'expression de la date.

2.2. Parler pour nommer « What's this? » « What are these? »

- L'enseignant (ou un élève) montre un ou plusieurs objets en posant la question adéquate.
  - Un élève répond en nommant l'objet avec le déterminant qui convient : *a pen* ou *pen, glue*.
  - Le reste de la classe (de manière individuelle ou collective) confirme ou infirme la réponse au moyen des expressions *That's right / wrong*.

• Mobiliser son attention dans le but d'évaluer l'exactitude d 'une réponse simple.
• Donner le rôle d'évaluateur à l'élève.
• Sensibiliser à l'utilisation du déterminant anglais.

2.3. Parler pour répondre à une question fermée (Yes/No question)

Pour renforcer la caractère collectif de cette activité, procéder comme suit :

- *Have you got...?*
Un élève sélectionne quelques objets (3 ou 4 maximum) que le reste de la classe doit découvrir (l'enseignant montrera l'exemple). À la question *Have you got...?* l'élève répond par une réponse courte, soit *Yes, I have* ou *No, I haven't.* Dans le même temps, chaque élève coche les cases correspondant aux objets sélectionnés *(annexe 4)*. Dans une deuxième phase, l'enseignant demande à un élève de récapituler. Les autres écoutent et interviennent en anglais *(It's right / wrong)*.

2.4. Parler pour obtenir une information

Demander à qui appartient un objet et répondre : sensibilisation ou rebrassage du génitif et de la question avec *WHOSE*.
L'activité se pratique avec deux équipes (maximum 10 élèves). Chaque élève de la première équipe dépose un objet sur une table en disant : *It's my...* (l'enseignant aura déposé un objet en donnant l'exemple).
Puis un des élèves de l'équipe, agissant en qualité d'animateur, s'adresse à l'équipe adverse qui doit retrouver, de mémoire, le propriétaire de l'objet qu'il montre en demandant : *Whose red pen is it?*
Un élève de l'équipe adverse doit répondre en donnant le nom du propriétaire ou en construisant une forme possessive selon le modèle : *It's X's (red pen)* (l'enseignant donne un modèle, exemple : *This is Sam's glue*).
Si la réponse est juste, le propriétaire répond : *You're right.*
Si la réponse est fausse, l'élève interpellé répond : *You're wrong.*
Chaque réponse (juste ou fausse) est comptabilisée et lorsque la deuxième équipe a joué, celle qui a fourni le moins de réponses pour trouver tous les propriétaires a gagné.

• Ritualiser les questions/réponses en Wh- (structure et intonation).
• Développer l'écoute.
• Apprendre à travailler et jouer en groupe.
• Produire des énoncés simples en respectant l'intonation.
• Renforcer la réalisation du 's'.

2.5. Parler pour jouer (utilisation des jours de la semaine)

a. **Monday calls…**

Cette activité mobilise 7 enfants à la fois, chacun représentant un jour de la semaine. Au préalable, les mettre en cercle et leur faire répéter, à tour de rôle, le jour qui leur a été ou qu'ils se sont attribué. Veiller à bien automatiser les gestes indiqués ci-après.

Monday commence et appelle un autre jour (exemple : *Friday*) en procédant, mots et gestes, comme suit :

Monday	(tape sur ses cuisses)
Monday	(tape dans ses mains)
calls	(pouce gauche levé par dessus l'épaule vers l'arrière)
Friday	(pouce droit levé par dessus l'épaule vers l'arrière)

Celui/celle qui « s'appelle » *Friday* prend le relais en appelant, de la même façon, un autre jour qui ne sera pas celui qui l'a appelé(e).

b. Les enfants pratiquent cette activité par couple et font un geste sur chaque syllabe accentuée. Ils répètent deux fois la série.

taper sur les cuisses	1 Monday	5 Friday
frapper des mains	2 Tuesday	6 Saturday
frapper les mains du partenaire	3 Wednesday	7 Sunday
frapper des mains	4 Thursday	8 Clap! (à vide)

c. Les mêmes activités sont adaptables à la récitation des mois

- *Associer le sensori-moteur à la parole.*
- *Acquérir le sens du rythme.*
- *Repérer les difficultés de chacun de ses élèves.*

2.6. Parler pour dicter

Un élève dicte l'heure au reste de la classe qui note. Après une série mobilisant cinq ou six élèves, l'enseignant, qui a inscrit les heures au dos du tableau, retourne celui-ci pour que les élèves s'auto-évaluent

- *Prendre la parole.*
- *S'exprimer distinctement.*
- *Écouter et montrer que l'on a compris.*

2.7. Parler pour dire la date

L'aboutissement des apprentissages précédents conduira quotidiennement les élèves à donner et inscrire au tableau la date du jour.

Le professeur montrera au fil des jours la façon de dire la date en utilisant les nombres ordinaux.

Ex: *Monday, February 7th* qui se lit : *Monday, February the seventh*

Il est souhaitable que les nombres ordinaux soient employés dans d'autres situations, notamment pour les premiers : 1 *(first)*, 2 *(second)*, 3 *(third)*. Le parallèle pourra être fait avec le système français.

2.8. Dire le temps qu'il fait et réaliser un calendrier météo *(voir annexe 1)*

- Les élèves illustrent la météo du jour sur un calendrier où sont notés le mois et les jours. Il s'agit (individuellement ou à plusieurs) d'indiquer le temps qu'il fait tout en sélectionnant les images correspondantes pour les coller ou les fixer sur le calendrier.

- *Associer l'image ou le geste à un mot / une phrase.*

- Dire le temps qu'il faisait à une date donnée
  À la fin du mois, l'enseignant peut proposer un rappel du temps au cours du mois écoulé en donnant l'exemple : *On Tuesday March 17th, it WAS cold and cloudy.* Cette phrase ritualisée est un moyen de sensibiliser les élèves au passé et principalement à la forme passée de *BE* et de conduire à la production spontanée de : *What WAS the weather like on March 17th?*

- *Apprendre à lire des informations symbolisées et construire un énoncé.*
- *S'entraîner à s'exprimer au passé.*

2.9. Parler pour faire une enquête

Voir Méthodologie. Type de questions : *Do you like maths? What's your favorite subject?*

3. LIRE • compréhension écrite

3.1. Lire pour associer mots et objets, recopier

- **School things**
  L'enseignant distribue des vignettes avec le nom des objets étudiés. Seuls ou en groupe, les élèves doivent identifier chaque objet. Cet exercice, simple, peut faire l'objet d'une compétition.
  Sur le cahier d'exercice, les élèves peuvent recopier les mots et illustrer.

• Approcher sans risque l'orthographe.
• Retrouver la correspondance graphie-phonie.
• Recopier sans faute.

3.2. Retrouver des mots dans une grille de mots mêlés *(annexe 5)*

• Repérer des mots.
• Sensibiliser à l'orthographe.
• Jouer avec les mots.

3.3 Lire pour dessiner *(annexe 6)*

Les élèves lisent une courte histoire et doivent repérer ce que possède le personnage pour le dessiner sans oublier le nombre et la couleur. Ils devront repérer la forme négative et ne pas dessiner les objets mentionnés dans ce cas.

• Repérer les éléments importants dans un énoncé.
• Se familiariser avec l'orthographe.
• Aborder visuellement la structure de la phrase.

4. ÉCRIRE • expression écrite

- Toutes les activités proposées dans ce thème peuvent aboutir à une trace écrite simple introduite à la suite d'une explication fonctionnelle et illustrant ce qui a été appris.

Ex. Je sais demander le temps qu'il fait : *What's the weather like?*
Je sais répondre à la question : *it's warm and sunny.*
Je sais dire ce que j'ai dans mon cartable : *In my schoolbag, I've got…*

4.1. Reproduire un modèle

- **My English copy-book**
  Il s'agit d'illustrer le thème de cette unité en proposant quelques rudiments de vocabulaire pour remplir la page de garde du cahier. Seuls *school, teacher, year* et *English* sont des mots nouveaux sans être totalement étrangers.
  Procéder à une ou plusieurs écoutes avec répétition et les noter au tableau dans la disposition choisie pour le cahier. Le nom de l'école, celui du professeur et l'année inscrite en chiffres permettront aux élèves d'inférer le sens de ces termes :
  My family name / My first name / My school / My teacher / school year.

• Écouter.
• Respecter une consigne et reproduire un modèle.
• Inférer du sens.

4.2. Remettre les lettres ou des mots d'une phrase dans l'ordre *(cf. écouter pour ordonner)*

4.3. Dictée

- L'enseignant propose 3 ou 4 phrases courtes en évitant la dictée mot à mot. Il vaut mieux procéder à une lecture globale suivie d'une lecture fractionnée où chaque groupe de souffle est répété deux fois.

• S'entraîner à la copie sous la dictée.
• Développer les stratégies d'écoute.

1. ÉCOUTER • compréhension orale

1.1. Reconnaître l'intonation montante ou descendante

Les élèves cochent la case correspondant à l'intonation de l'énoncé entendu *(annexe 7 +)*.

1.2. Reconnaître les phrases affirmatives, interrogatives et négatives

Les élèves cochent les cases correspondant aux énoncés entendus *(annexe 8+)*.

1.3. L'heure

L'enseignant donne 5 heures différentes que les élèves notent en chiffres

Ex. *It's... four o'clock ; quarter past eight ; half past two ; quarter to nine ; midnight*

1.4. Vocabulaire *(annexe 9)*

- L'enseignant montre 10 dessins (flashcards) illustrant le vocabulaire étudié. Tout en les montrant, il en donne le nom qui peut être correct *(right)* ou faux *(wrong)*. Selon le cas, les élèves cochent la case correspondante. Pour limiter le hasard, le nombre de propositions fausses doit être supérieur au nombre de propositions justes.

2. PARLER • expression orale

2.1. L'élève doit savoir réciter les jours de la semaine et les mois de l'année (avec les gestes appris de préférence)

2.2. Dire ce que l'on possède ou pas

- L'enseignant dispose 4 objets devant l'élève dont un à l'écart (celui qu'il n'a pas). L'élève doit formuler une phrase listant les objets détenus et une autre indiquant l'objet qu'il n'a pas.

Ex. (objets disposés) *a ruler / 2 pens / a pencil case / a copy-book*
Énoncé attendu : *I've got a ruler, 2 pens and a pencil case but I haven't got a copy-book.*

2.3. Demander et dire le temps qu'il fait

- A la suite de la question *What's the weather like?*, l'enseignant présente deux ou trois images (exemple : des nuages, la pluie, un thermomètre à 20 °C) à l'élève qui doit s'en servir pour formuler une phrase.
  Enoncé attendu : *It's cloudy and it's raining (but) it's warm.*

2.4. Choisir et justifier son choix

- L'amorce sera constituée de la question *What's your favourite...?*

3. LIRE • compréhension écrite

- Lecture de mots isolés (exiger la syllabe accentuée) et de phrases simples (les mots porteurs de sens doivent être accentués).
- Lecture avec remplissage d'une grille de lecture :
  – les élèves doivent identifier les personnages et cocher ce qu'ils possèdent *(annexe 10)* ;
  – les élèves doivent identifier les personnages et cocher leurs goûts *(annexe 11)*.

4. ÉCRIRE • production écrite

- Dictée de mots simples (ne relever que les erreurs entraînant une confusion de sens)
- Dictée de phrases simples.
- Production guidée :
  – demander le temps qu'il fait et imaginer une réponse ;
  – écrire ce que l'on possède (ou ne possède pas) dans son cartable.

  Les élèves ne sont pas tenus de décrire véritablement le contenu de leur cartable mais doivent utiliser les mots correspondant à la sélection présentée par l'enseignant afin de placer chacun sur un pied d'égalité. Donner l'amorce : *In my schoolbag...*

ANNEXE 1

It's sunny

It's raining

It's windy

It's foggy

It's snowing

It's (very) cold/ freezing

It's hot

It's warm

ANNEXE 2

Écouter pour reconnaître

1re histoire :

Listen to Peter : "What a mess in my schoolbag! I've got **four books** and **two copy-books**. I haven't got **a ruler** but I have **a rubber** and **a stick of glue**. But where are my pencils? Ah yes, here they are! I've got **three pencils.** But, I haven't got **a pen**."

2e histoire :

Listen to Jenny : "Today for my Art class, I've got **a ruler**, **a rubber** and **two pencils**. I've got some **sellotape** too. I haven't got any **books** or **copy-books**."

3e histoire :

"Jennifer has got an exam today. She's checking her schoolbag just to make sure she's got everything ready. She's got her **book** but not her **copy-book**. In her **pencil case** she's got a **blue pen** and a **red pen**. She hasn't got her **pencil** but she's got a **rubber**. Everything's OK, she can go now."

4e histoire :

"Steve is preparing his schoolbag for school tomorrow. He hasn't got his **books** for History and Grammar but he's got his **copy-books**. He hasn't got his **ruler** for maths but he's got his **glue** for biology. In his pencil case he's got a **red pen** and a **blue pen** (he hasn't got his **green pen**), he's also got his **rubber**. But where are his **pencils**? He hasn't got his pencils."

ANNEXES

ANNEXE 3

Écouter pour reconnaître

	1	2	3	4	5	6	
A		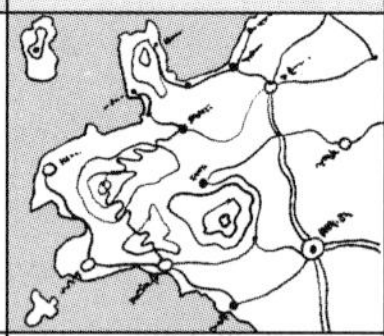	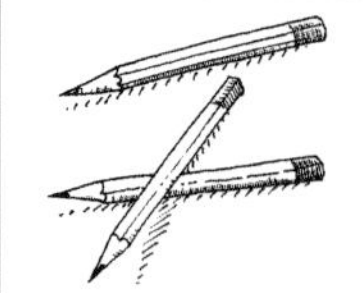	A RULER	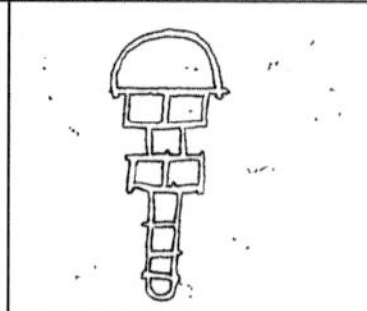		A
B					GLUE		B
C			A DESK	A TEACHER		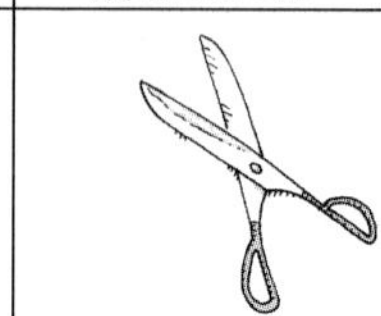	C
D	MATHS	EXERCISE-BOOK	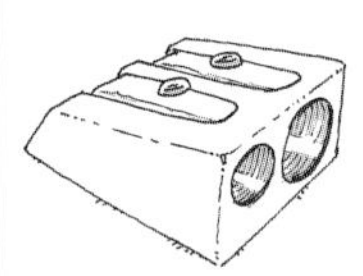		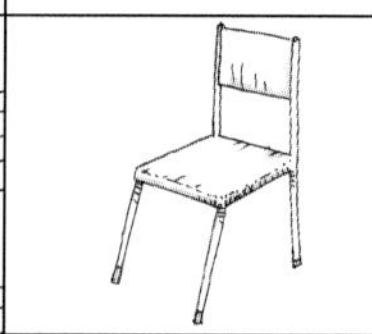	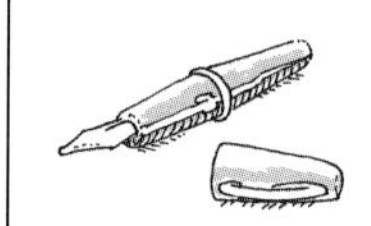	D
E	GAMES	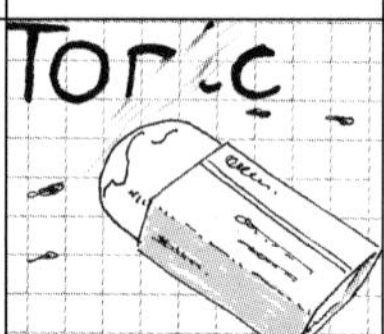	ENGLISH		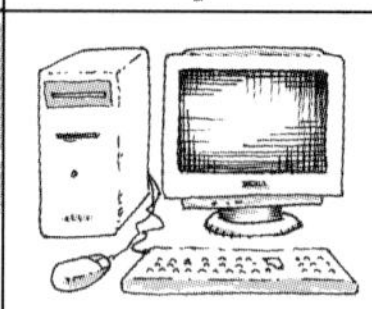	HOLIDAYS	E
	1	2	3	4	5	6	

Légende utilisable par l'enseignant

A1 summer	A2 a map	A3 3 pencils	A4 a ruler	A5 hopscotch	A6 a book
B1 skipping	B2 a schoolboy	B3 books	B4 sellotape	B5 glue	B6 a cupboard
C1 a board	C2 a schoolbag	C3 a desk	C4 a teacher	C5 a bin	C6 scissors
D1 maths	D2 an exercise-book	D3 a pencil sharpener	D4 music	D5 a chair	D6 a pen
E1 games	E2 a rubber	E3 English	E4 winter	E5 a computer	E6 holidays

ANNEXE 4

Parler pour demander ou informer

	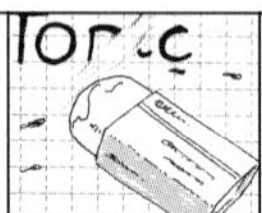	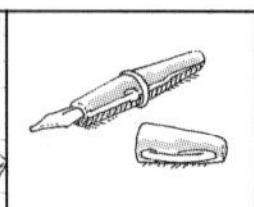	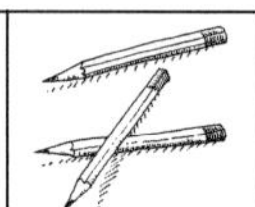			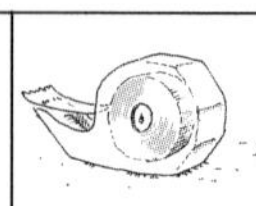	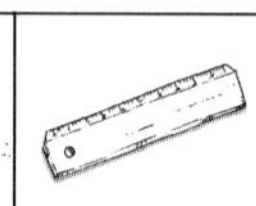		
teacher									
me									

Les cases vides sous *teacher* permettent d'inscrire le nom des élèves qui veulent participer.

ANNEXE 5

Mots mêlés

W	D	E	E	K	J	A	N	U	A	R	Y
E	W	E	E	K	Y	U	U	A	T	T	E
M	A	R	C	H	H	E	L	G	H	U	A
W	E	D	N	E	S	D	A	Y	U	E	S
M	J	U	N	E	M	E	A	R	R	S	A
A	W	O	C	T	O	B	E	R	S	D	T
Y	E	A	R	Y	E	Y	E	A	D	A	U
S	E	P	T	E	M	B	E	R	A	Y	R
E	K	R	A	M	O	N	D	A	Y	E	D
F	R	I	D	A	Y	Y	E	A	R	A	A
W	E	L	K	F	E	B	R	U	A	R	Y

a) Trouver les noms des mois et des jours dans la grille (verticalement, horizontalement ou en diagonale)
b) Un nom de mois et un nom de jour n'apparaissent pas. Lesquel ?
c) Combien de fois les mots YEAR et WEEK apparaissent-ils en entier?

ANNEXE 6

Lire pour dessiner

a) Jimmy has got a very big schoolbag with lots of things. He's got three books : a history book, a French book and an English book. He hasn't got his maths book because there is no maths today. He's also got a very big pencil case with a red pen, a blue pen, a rubber but he hasn't got his ruler and his pencil sharpener.

b) Sally has got a beautiful red pencil case. In her pencil case, she's got a yellow pencil sharpener, four pens and a big rubber. She's also got a ruler in her schoolbag but she hasn't got her books today.

ANNEXE 7

Grille de réponse (1.1)

a) Have you got a blue schoolbag ? ↗
b) Do you like English ? ↗
c) What's your favourite subject ? ↘
d) Ten children prefer gym. ↘
e) Whose pen is it ? ↘
f) Is this a ruler ? ↗

	↗	↘
a		
b		
c		
d		
e		
f		

ANNEXE 8

Grille de réponse (1.2)

a) What's the weather like ?
b) I don't like winter.
c) Sally has got a blue schoolbag.
d) Have you got a uniform ?
e) I've got 2 red pens.
f) Whose rubber is it ?
g) What's your favourite season ?
h) Jimmy hasn't got a pencil sharpener.
i) Eddy loves maths.
j) Jenny and Brian don't like Monday.

phrases	a	b	c	d	e	f	g	h	i	j
interrogatives										
affirmatives										
négatives										

ANNEXE 9

Grille de réponse (1.4)

	1	2	3	4	5	6	7	8	9	10
Right										
Wrong										

ANNEXE 10

Lecture

- Indiquer dans la grille le nom des personnages cités, ce qu'ils possèdent, le nombre et la couleur si c'est mentionné.
- Jeremy and Paul have got three books and two-copy-books. Emily has only got two books and one copy-book. Jeremy has got a blue pencil case, Paul and Emily have got a red pencil case. Their friend Arthur hasn't got a pencil case but he's got five books and ten copy-books. The three boys and the girl have a rubber, a ruler but they don't have glue.

School things							
NAMES							

ANNEXE 11

Lecture

- Noter les noms des personnages ainsi que les éléments qu'ils aiment ou n'aiment pas.
- Cocher ce qu'ils aiment (✓), mettre une croix dans ce qu'ils n'aiment pas (✗)
- Sandy loves gym but Peter prefers English. They love Friday because it's the last day of school. They love week-ends. Henry loves uniforms but he doesn't like gym. His favourite school subject is art. Karen loves gym, too, but she doesn't like Friday because she hates week-ends.

	Gym	English	Friday	Week-ends	Uniforms	Art
Sandy						
Peter						
Henry						
Karen						

Life at school

Fiche lexique (la syllable en gras est accentuée)

SCHOOL	**SCHOOL** SUBJECTS	MONTHS OF THE YEAR
teacher	art	**Jan**uary
pupil	dic**ta**tion	**Feb**ruary
schoolgirl/boy	**En**glish	March
uniform	French	**A**pril
playground	ge**o**graphy	May
playing field	**gra**mmar	June
classroom	**his**tory	Ju**ly**
(waste paper) bin	maths	**Au**gust
board	**phy**sical edu**ca**tion	Sep**tem**ber
chalk	**rea**ding	Oc**to**ber
desk		No**vem**ber
cupboard	**AD**JECTIVES	De**cem**ber
homework	good at	
	not very good at	**SEA**SONS
SCHOOL THINGS	**bo**ring	spring
book	**dif**ficult	**sum**mer
com**pu**ter	**ea**sy	**au**tumn
exercise-book	**in**teresting	**win**ter
glue	**fun**ny	
map		**WEA**THER
pen	**SCHOOL** YEAR	**clou**dy
pencil	**ti**metable	(it's) **rai**ning
pencil-case	**ho**lidays	**sun**ny
pencil-**shar**pener	**play**time	**win**dy
rubber		cold
ruler	DAYS OF THE WEEK	hot
schoolbag	**Mon**day	warm
scrapbook	**Tues**day	
scissors	**Wed**nesday	VERBS
sellotape	**Thurs**day	be**gin** / **fi**nish
	Friday	put (down)
GAMES	**Sa**turday	take
hopscotch	**Sun**day	**o**pen / close
leapfrog		
skipping		

Dans cette unité, qui a pour objectif l'acquisition du lexique relatif au corps humain et de la fonction langagière *HAVE GOT*,on apprendra à décrire, qualifier un personnage et à questionner les autres à ce sujet, ainsi qu'à dire ce que l'on sait ou ne sait pas faire. Cette unité rebrasse également plusieurs notions telles que les réponses courtes et l'utilisation de l'adjectif dans un groupe nominal.

Body

LANGUE

Lexique :

– le corps humain (visage et corps)
– verbes d'action

Éléments langagiers :

Have got / Has got
Can / Can't

Phonologie :

– diphtongues dans *ear, hair ; nose, toes*
– <h> sonore dans *head, hair*
– opposition entre /i:/ dans *knee* et /i/ dans *chin*
– <k> silencieux dans *knee*

CULTURE

Albums authentiques
Chansons et jeux traditionnels

EXPRESSION CORPORELLE

Simon says
The hokey-cokey

ARTS PLASTIQUES

Fabrication de monstres en vue d'une exposition

MATHÉMATIQUES

Numération
Graphiques

CONTENUS

LANGUE

Fonctions	Exemples	Éléments langagiers	Phonologie
Dire ce que l'on possède ou pas	*I've got green eyes* *He's got...*	*Have got*	Réalisation contractée de *I've got*
Dire ce que l'on sait faire ou pas	*I can / can't skate*	*Can / Can't*	Réalisation faible [kən] ou forte [kæn]
Poser à quelqu'un des questions : - sur ce qu'il (ou quelqu'un d'autre) possède ou pas - sur la couleur de ... - sur ce qu'il ou quelqu'un d'autre sait faire	*Have you got...?* *+Yes, I have / No, I haven't* *Has he / she got...* *+ Yes, he.../No, he...* *What colour is your../ are your../ is her../are his...?* *Can you swim?* *Yes, I can / No, I can't*	*Have got* + réponse courte *What colour* *Can / Can't* + réponse courte	Réalisation du /h/ Intonation de la *Yes/No question* Intonation descendante de la *WH question* Réalisation faible [kən] ou forte [kæn]
Parler d'une personne ou d'une chose	*My hair is brown* *Her hair is ginger* *It's brown*	*It + be*	Réalisation de /i/ Contraction de *It is / it's*
Compter les éléments Singulier / pluriel	*It's got 2/3/12... noses*	*Have got* *How many*	Intonation descendante de la *WH question* Diphtongue [au]

CULTURE

(voir annexes)
Lecture d'albums : *Where's my baby? / I can do it.*
Utilisation de *tick* ✓ *or cross* ✗ .
Utilisation de jeux traditionnels : *Simon says / Bingo / Twisters.*
Utilisation de chants et comptines traditionnels : *Head and shoulders / The hokey-cokey / If you're happy / One finger, one thumb.*

TRANSDISCIPLINARITÉ

EXPRESSION CORPORELLE

Simon says
Twisters
Travail sur le mime pour les verbes d'action (*jump / skip / climb...*) et les adjectifs (*sad / happy / surprised...*)

ARTS PLASTIQUES

Lecture d'images
Travail de recherche sur le portrait classique (Gainsborough), dans le Cubisme (Picasso) ou chez les Surréalistes (Ernst, Dali)
Création de personnages imaginaires (recherche sur Arcimboldo), de masques pour une mise en scène (ex : *Where's my baby ?*)

MATHÉMATIQUES

Prolonger les enquêtes par un travail sur les pourcentages, les fractions (33% des élèves savent skier, 1/5 des élèves ont les yeux bleus…)
Présentation des résultats d'enquête sous forme de diagrammes, graphiques.

1. ÉCOUTER • compréhension orale

1.1. Écouter pour chanter

- Chant : **Head and shoulders** *(voir annexe 1 + méthodologie : Books, songs and chants)*
  Les élèves écoutent le chant en touchant les parties du corps entendues. Le maître est attentif à la phonologie, en particulier la prononciation des diphtongues dans *toes, nose, ears, eyes.*

NB. Le même travail d'écoute sera utilisé pour les autres chants ou comptines de cette unité *(voir annexe 1).*

- *Écouter pour acquérir un lexique nouveau.*
- *Écouter pour répéter correctement*
- *Écouter pour distinguer des sons.*
- *Ouvrir l'oreille à des sons nouveaux.*

1.2. Ecouter pour obéir à des instructions

- Le maître donne des ordres du type *touch your toes,... nose,... ears,... eyes,...* d'abord lentement puis en accélérant le rythme.
- Même activité avec un élève qui remplace l'enseignant.
- Même activité en introduisant *can you...* par exemple *can you touch your hair with your knee ?* Certaines questions doivent être assez difficiles pour susciter des réponses négatives *no, I can't.*
- Même type d'écoute dans le cadre d'un jeu *twisters.* Des *flashcards* sont disposées sur le sol et le maître donne des ordres du type *put one hand on the mouth.* On peut enrichir le jeu avec l'introduction de *left* et *right.*
  Progressivement, les élèves remplacent le maître pour donner les ordres.
  Ce jeu peut se jouer à un stade ultérieur en remplaçant les supports images par des étiquettes mots.
- Autre jeu : *Simon says* (équivalent de « Jacques a dit »)
  Il s'agit d'obéir ou non à un ordre selon que l'on entend *Simon says* ou non.

NB. Ce jeu peut être repris et enrichi tout au long du travail sur ce thème. Il permet d'introduire des verbes d'action (*hop, run, walk, play tennis,*etc.) que l'on mimera, d'utiliser *left* et *right* et d'introduire *be* + adj. d'état : *sad, happy,...*) dont on élucidera le sens toujours par le mime.

- *Écouter pour montrer que l'on a compris, à travers son corps :T.P.R. Total Physical Response (voir Glossaire).*
- *Écouter pour réussir un défi.*
- *Écouter de façon individuelle.*
- *Écouter pour discriminer des sons.*
- *Écouter pour s'entraîner à rester concentré.*

1.3. Écouter pour discriminer

- Le maître demande aux élèves de repérer le lexique des parties du corps dans un discours, enregistré ou non, assez long et inconnu d'eux. Ils montrent qu'ils ont repéré le mot connu en touchant la partie du corps correspondante quand ils l'entendent *(voir annexe 2 +).*

- *Écouter de façon très ciblée pour travailler les capacités de discrimination auditive.*

1.4. Écouter pour dessiner

- Les élèves doivent colorier sous la dictée les différentes parties du corps d'un personnage ou d'un animal *(voir annexe 3 +).*
  colour the eyes red, colour the nose blue, etc.
  ou *he's got a blue nose.*
  ou *the nose is blue.*
- Même activité gérée en *pair-work*, par les élèves, un élève dictant à un autre.
- Les élèves doivent dessiner un personnage imaginaire (monstre) en écoutant sa description. À la fin, on compare les dessins avec l'original. Cette activité nécessite plusieurs écoutes (CD ou maître) avant que l'élève ne se mette à dessiner *(voir annexe 4 +).*
- Même activité en *pair-work*. L'élève peut alors aussi poser des questions : *has it got three eyes ?*

- *Écouter pour travailler la compréhension.*
- *Travailler indépendamment du maître.*
- *Écouter pour améliorer les capacités de communication.*
- *Améliorer sa compréhension en utilisant plusieurs écoutes.*
- *Écouter pour établir une communication authentique.*

1.5. Écouter pour reconnaître

- Les élèves doivent reconnaître des créatures imaginaires à l'écoute de leur description. Ils les numérotent (ou les cochent) quand ils les ont reconnues. Les créatures doivent avoir assez de points communs pour ne pas rendre leur identification évidente dès la première phrase *(voir annexe 5).*
- La même activité peut se dérouler avec un élève qui choisit une des créatures imaginaires de la fiche et la décrit aux autres afin qu'ils l'identifient. Cette activité peut se prolonger en *pair-work.*
- Les élèves disposent d'un dessin de personnage ou d'animal imaginaire. Le maître énonce des phrases,vraies ou fausses, concernant ce personnage. Les élèves doivent répondre par le signe approprié *right* ou *wrong (tick or cross : voir Glossaire).* Cette activité peut aussi être menée avec un élève qui remplace le maître, puis en *pair-work.*
- Les élèves entendent sur le CD des personnages disant : *I'm Joe, I can ride a bike but I can't swim* et ils doivent cocher sur un tableau à double entrée les informations entendues pour chaque personnage. Ce travail se fait collectivement et peut devenir une base pour l'expression orale *(voir annexe 6 + CD).*

• *Écouter pour comprendre plus finement en sélectionnant les éléments pertinents.*

1.6. Écouter pour communiquer

- Écouter pour répondre aux questions pendant toutes les activités, guidées ou plus autonomes.

Ex. *What colour is your hair ? What colour are your eyes ? Can you swim ? What colour is Julie's hair ? Have you got green eyes ? How tall are you ?...*
On peut pratiquer cette activité sous forme de *class survey (voir Glossaire).*

• *Apprendre à s'écouter mutuellement.*
• *Commencer à communiquer.*

1.7. Écouter pour deviner à travers un jeu : "who am I ?"

- *Voir plus loin fiches Expression Orale et Production Écrite.*

• *Développer des statégies d'écoute dans une situation authentique de communication.*

1.8. Écouter pour prédire

- Les élèves écoutent l'histoire *where's my baby ?* ou *I can do it (voir Méthodologie : Books, songs and chants)* pour comprendre globalement l'histoire et / ou pour émettre des hypothèses.

• *S'appuyer sur des indices pour émettre des hypothèses.*

2. PARLER • expression orale

2.1. Parler pour répéter

- Répéter le modèle donné par le maître ou la cassette pour acquérir le nouveau lexique ou les nouvelles structures. La répétition se fera d'abord en chœur avec toute la classe, puis individuellement en utilisant des supports visuels. Cette étape permet également de s'approprier la langue à travers les chants et les comptines.

• *Parler pour acquérir des mots ou des structures nouveaux, pour s'imprégner des sonorités nouvelles.*
• *Travailler sur le rythme de la langue.*
• *Mémoriser en associant le geste.*

2.2. Parler pour répondre dans les activités guidées par le maître

- Exemple :
What's this? It's my head / ...your nose / ...I don't know.
Is it a...? Yes, it is / no, it isn't.

What colour is your hair? It's brown. / My hair's brown.
What colour are your eyes? They're blue. / My eyes are blue.
What colour is Kevin's hair? It's black, / etc.

• *Ceci constitue une première étape d'appropriation de la langue vers une autonomie, une communication plus authentique.*

Have you got red hair? Yes, I have / no, I haven't.
Has the monster got ten legs? Yes, it has/ no, it hasn't.

How many eyes has it got? It's got six eyes.

NB. Dans toutes ces activités guidées de *language work*, le maître délèguera progressivement la parole aux élèves qui se questionneront entre eux.

• Ceci constitue une première étape d'appropriation de la langue vers une autonomie, une communication plus authentique.

2.3. Parler pour participer à un jeu

- Un élève devient meneur de jeu dans *Simon says* ou *Twisters (voir Méthodologie : Basic games).*
- Jeu de cartes **body building** : le but du jeu est de composer un personnage en tirant avec le dé les parties du corps. Exemple : 1 = tête, 2 = corps, 3 = jambe, 4 = bras, 5 = bouche, 6 = nez, et on peut aller jusqu'à 12. Le jeu se joue en groupes et le gagnant est celui qui a réussi à terminer son personnage le premier. Les joueurs utilisent : *I've got the head, it's my/your turn, throw the dice (voir annexe 7).*
- Variante de *body building* : il s'agit d'un jeu d'équipes qui peut se jouer à 2 équipes ou plus. Il y a un jeu de cartes de couleur différente par équipe *(voir annexe 7).* Chaque équipe pioche une carte à tour de rôle, l'élève doit pouvoir nommer la carte qu'il a tirée *I've got a blue head.* Il la pose alors au tableau ; s'il ne peut pas la nommer, elle retourne à la pioche. L'équipe gagnante est celle qui a terminé son personnage d'une même couleur la première.
  Les mêmes cartes peuvent servir pour un jeu de type « 7 familles » ou *memory.*
- Jeu de devinettes :
  Le maître, puis un élève choisit secrètement un élève de la classe et les autres devinent de qui il s'agit en posant des questions : *is it a boy?, is it a girl?, has he/she got blue eyes?...*
  Ce même jeu peut se jouer avec une série d'images de personnages numérotées, dans un premier temps des caricatures ou des dessins de créatures imaginaires, puis des photographies *(voir annexe 8).*
  Le maître décrit un dessin et la classe devine *it's number 6!.* Un élève décrit un dessin et la classe devine. Un élève choisit un dessin et la classe pose des questions pour deviner.
- Jeu de mémoire : un élève a les yeux bandés, la classe le questionne sur un des ses camarades *has Kevin got green eyes? / what colour is Kevin's hair?* ou sur des images observées auparavant.

• Utiliser la langue en situation de communication
• Prendre des risques
• Oser prendre la parole
• S'entraîner à utiliser ses acquis dans un contexte réaliste et motivant

2.4. Parler pour communiquer des informations

- *Picture dictation (voir Méthodologie : utilisation de l'image)* : Cette activité se pratique en *pair-work*, chaque élève ayant dessiné une créature imaginaire à la maison (*it's a secret !*) Il doit dicter à l'autre son dessin. À la fin de l'activité, on compare les deux dessins. Celui qui dessine sous la dictée peut aussi demander des informations complémentaires (*how many...?, what colour...?* etc.)
- *Class survey (voir Glossaire)* : cette enquête de classe peut se faire en liaison avec un travail en mathématiques. Les élèves se questionnent pour obtenir des informations authentiques (*can you swim? etc.*) qu'ils font figurer sur une grille à double entrée. Les résultats peuvent être présentés sous forme de diagrammes, pourcentages, graphiques... ou simplement commentés *(20 children out of 24 can swim) (voir annexe 9).*

• Travailler indépendamment du maître.
• S'entraîner à parler dans une situation tout à fait autonome de communication
• Utiliser la langue pour effectuer une véritable recherche.

2.5. Parler pour participer à un jeu de rôle

(voir Méthodologie : activités de communication)

- Travail sur l'album *Where's my baby?.*
- Suggestions de saynètes : *At the doctor's* (*I've got a headache, (a) stomachache,* etc.)

• Transférer ses acquis dans une situation différente.
• Jouer avec les intonations, les accents de la langue pour « vivre » la langue.

3. LIRE • compréhension écrite

3.1. Lire pour reconnaître à l'écrit le lexique maîtrisé à l'oral

- Associer images et mots : les élèves doivent aller placer les mots écrits (sous forme d'étiquettes) autour d'une grande image exposée au tableau.
- Pratiquer de même mais individuellement (sur une fiche qui sera collée sur le cahier).
- **Bingo !** Chaque élève dispose d'une grille comportant des mots écrits. Chacun cache trois ou quatre cases afin que tous n'aient pas la même grille *(voir annexe 10)*. Le meneur montre du doigt une partie de son corps, les élèves cochent la bonne case.
- *Word square* : **mots mêlés** dans une grille *(voir annexe 11)*.

• Faire le lien entre phonie et graphie.
• Réfléchir sur la langue
• Travailler la reconnaissance visuelle des mots.

3.2. Lire pour mémoriser l'écrit du lexique

- On peut se fixer par contrat un nombre de mots à mémoriser à l'écrit, puis on s'évalue.

• Apprendre à apprendre : s'auto-évaluer.

3.3. Lire des mots pour construire des phrases

- *Living-sentences (voir Glossaire)* : l'intérêt de cette activité est de faire travailler l'ordre des mots dans la phrase suivant la forme utilisée.

• Réfléchir au fonctionnement de la langue : place et fonction des mots.

- Reconstituer librement des phrases à partir d'étiquettes-mots mises à disposition, soit à l'oral, soit à l'écrit.
  Exemple : *He's got a blue head*

NB. Fournir un grand nombre d'étiquettes pour qu'il y ait un choix réel.

- Réunir deux morceaux de phrases pour constituer une phrase qui a du sens.

• Comprendre un message.

3.4. Lire pour comprendre des informations

- Compléter un texte lacunaire (les éléments manquants pouvant être fournis ou non), par exemple pour un jeu de devinettes écrites *who am I ? (voir annexe 12)*.

• Comprendre un texte court.

- Vérifier des déclarations écrites :
  – lire des descriptions de monstres ou de personnages pour associer textes et images ;
  – entourer la bonne description parmi plusieurs descriptions pour un seul personnage ;
  – lire des phrases vraies ou fausses correspondant à des images, photographies, personnes réelles,etc.

• Travailler sur le sens.

4. ÉCRIRE • expression écrite

4.1. Écrire pour fixer le lexique

- Faire un dictionnaire illustré dans le cahier, par exemple personnage fléché avec les mots écrits, adjectifs illustrés,etc.

• Utiliser l'écrit pour fixer ses acquis.

4.2. Copier les textes des chansons ou des comptines

4.3. Mots croisés

- Trouver les mots issus du lexique appris *(voir annexe 13)*.

4.4. Reconstituer des phrases en désordre

• Réfléchir sur le fonctionnement de la langue.

4.5. Compléter sa propre description

- *Voir LECTURE • Compréhension écrite : who am I ?*

• Communiquer par écrit dans un contexte authentique.

4.6. Spot the differences

- Trouver les différences entre deux personnages dessinés *(voir annexe 14).*

4.7. Écrire des phrases pour présenter le résultat d'une enquête ou d'un questionnaire

- Voir l'activité *class survey* dans *EXPRESSION ORALE.*

• Utiliser l'écrit pour présenter son travail.

4.8. Créer son propre album, à partir d'un modèle proposé

- On peut donner comme point de départ l'utilisation de la structure *I can/ I can't.* pour introduire des verbes d'actions, exemple : *I can jump…*

• S'approprier la langue pour devenir créatif.

4.9. Produire une description écrite d'un personnage imaginaire.

- Chaque élève écrit la description d'une créature qu'il a imaginée et créée en arts plastiques. On doit faire correspondre les textes et les dessins. On pourra présenter l'exposition des travaux au sein de l'école.

• Production écrite destinée à un public.

4.10. Recréer un script à partir de l'histoire

- *Where's my baby ?* pour l'adapter à la scène. On peut ajouter d'autres bébés monstres ou en changer les caractéristiques. Il s'agit d'une vraie réfléxion sur la langue, car il faut sans cesse choisir entre les différentes réponses de madame Monstre : *no, my baby is/ isn't / no, my baby has got/hasn't got…*

• Transférer ses acquis dans une situation de création autonome.
• Réfléchir sur le fonctionnement de la langue.

1. ÉCOUTER • compréhension orale

1.1. Lexique

- Le maître distribue la grille suivante sans les chiffres ; il dicte une série de mots ; les élèves notent le numéro d'apparition du mot sous le dessin correspondant:
  Exemple: 1-*foot* ; 2-*head* ; 3-*finger* ; 4-*eyes* ; 5-*leg*

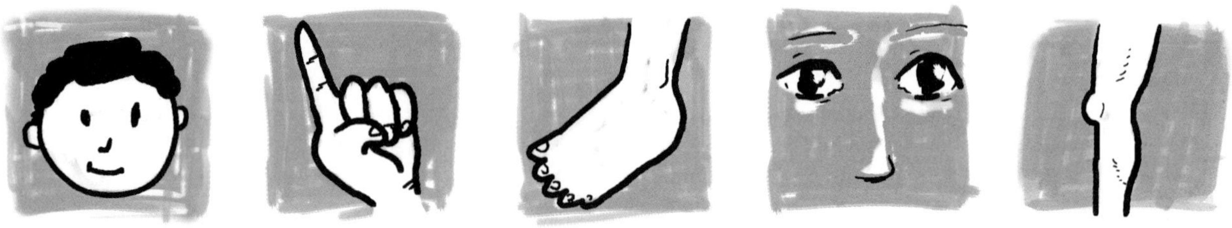

2	3	1	4	5

1.2. Structure

- Le maître décrit un personnage / animal / monstre en cinq ou six phrases. Les élèves dessinent le personnage correspondant.
  NB: on pourra utiliser des couleurs et autres adjectifs de description
  Exemples :
  He's got six (little) green eyes.
  He's got one (long) arm.
  He's got a (very big) head.
  He's got one (blue) mouth.
  He hasn't got legs.

1.3. Phonologie

- Le maître distribue les deux grilles suivantes et nomme les parties du corps dessinées. Les élèves attribuent la même couleur aux cases portant le même son-voyelle :

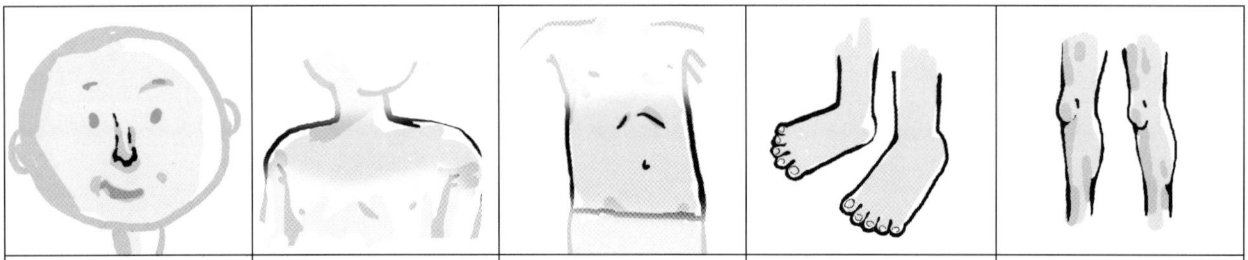

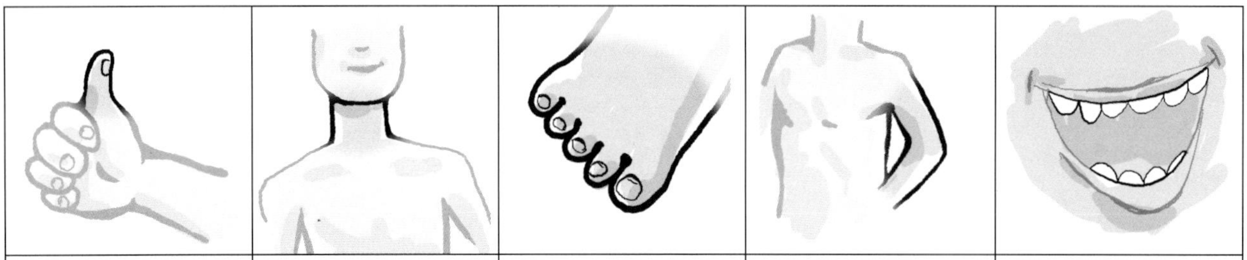

Groupes de sons-voyelles à apparier :
nose / toes / elbow ; teeth / feet / knees ; thumb / tummy ; chest / neck.

2. PARLER • expression orale

• Chaque élève décrit oralement, en deux, trois ou quatre phrases, le monstre dessiné.
NB. La description individuelle sera enregistrée et évaluée par la suite.

3. LIRE • compréhension écrite

3.1. Lexique

• Le maître distribue un personnage fléché et les mots en désordre sur étiquettes
• Les élèves collent les mots au bon endroit.

3.2. Structure

• Le maître distribue une description écrite
Les élèves dessinent le personnage correspondant.
NB. Après correction, on pourra faire une exposition des dessins

• Le maître affiche un dessin de personnage réel ou imaginaire
Les élèves cochent (tick ✓ or cross ✗) les cases sur une grille de ce type:

	right	wrong
He's got three arms		
He hasn't got legs		
He's got long arms		

4. ÉCRIRE • production écrite

4.1. Lexique

• Personnage fléché à légender.
Les mots ne sont pas donnés.

4.2. Structure

• Chaque élève décrit un personnage dessiné, en deux ou trois phrases.
NB. On pourra complexifier l'exercice en ajoutant des couleurs.

ANNEXE 1

Songs

Head and shoulders

Chanson mimée.
Toucher chaque partie du corps chaque fois qu'elle est évoquée.
Permet d'introduire une partie du vocabulaire.

Head,shoulders,
Knees and toes (bis)
Head, shoulders,
Knees and toes (bis)

And eyes and ears
And mouth and nose
Head,shoulders,
Knees and toes (bis).

Repeat.

One finger, one thumb, keep moving

Chanson mimée

One finger,one thumb,keep moving (bis)
We'll all be merry and bright

One finger,one thumb,one arm,
Keep moving (bis)
We'll all be merry and bright

One finger,one thumb,one arm,one leg
Keep moving(bis)
We'll all be merry and bright

One finger,one thumb,one arm,one leg
One nod of the head,keep moving(bis)
We'll all be merry and bright

One finger,one thumb,one arm,one leg,
One nod of the head,
Sit down,stand up,keep moving (bis)
We'll all be merry and bright.

ANNEXE 2

Écouter pour discriminer

Instructions :
Préparer un texte à lire, ou bien choisir une chanson ou des textes proposés ci-contre.
Expliquer l'activité aux élèves.
Dans un premier temps, il peut être utile de les inviter à dire *Stop!*, ou à lever la main pour montrer qu'ils ont entendu un mot, avant de le « définir » avec le geste.
Faire écouter une fois sans gestes, pour se préparer.
Procéder à une ou plusieurs écoutes selon le degré de compréhension et de participation souhaitée.

Ex 1: I've got a little robot. He's made of metal and he's grey. He's got a tummy and a head, but he hasn't got a neck. He works with electricity and he's got a battery inside his tummy.
How many eyes has he got ? Four eyes, one eye on each side of his head.
How many ears ? He hasn't got any ears, because he doesn't need to hear you.
Has he got arms ? Yes, he's got 4 arms, 2 long arms and 2 short arms. On the short arms, he's got hands and 3 fingers.
Has he got legs ? Yes, he's got 2 legs and 2 feet, but he hasn't got any toes, and he hasn't got any knees either. He doesn't need toes or knees.

Ex 2: My morning routine.
Every morning, at 7 o'clock, my mum comes into my bedroom to wake me up. She puts her fingers on my head, and if I don't open my eyes she shakes my shoulder gently and says: « Wake up!».
Then I open my mouth and yawn, and I stretch my arms. Mummy pushes the quilt off my bed and I stretch my legs and feet. I even wiggle my toes.
I sit up, turn and put my feet on the floor. Then I stand up, stretch again and do some exercises.
I bend my knees and then stretch my fingers to the ceiling. I touch my shoulders and then my toes.
After that, I go to the bathroom, I wash my hands and face, my ears and my neck.
I don't wash my knees in the morning. I clean my teeth and I brush my hair.
Next, I go to the kitchen, sit down at the table, and put a good breakfast in my tummy.

Instructions :
Distribuer le dessin (1 par élève) et faire préparer les crayons de couleur.
Expliquer l'activité à la classe. Ceci peut se faire en anglais, avec un exemple au tableau.
Dicter sans ralentir la voix, mais en marquant des pauses à la fin des groupes de sens, pour permettre aux élèves de colorier.
Prévoir une vérification en commun, par exemple :
a) afficher un dessin, redire le texte et inviter la classe à vérifier [That's right ! / that's wrong !]
b) pour faire la transition avant un 'pairwork', demander à quelques élèves de 'lire' à haute voix leur dessin, [His ears are green]. La classe peut réagir, [Yes/No or Right/Wrong].

ANNEXE 3

Écouter pour dessiner

Exemple de dictée : **Look at this little Martian boy!**

A He's got a big fat green body and a round pink head.
His face is pink too, but his ears are green.
Colour his eyes yellow and his mouth orange. Take a black pencil and draw his hair.
Now! Look at his arms and legs*. He's got purple arms and red hands**. His legs are blue.
You can colour his feet brown.

Variante 1 : Ne pas dicter toutes les phrases ou, si l'on se sert du CD audio, arrêter à * ou ** et inviter les élèves à poser des questions pour compléter leur coloriage. *[What colour are his legs?]*
Variante 2 : Inclure *left/right*.

B Même texte jusqu'à *, puis :
His left arm is purple, but his right arm is red. His right hand is purple, but his left hand is red.
He's got blue legs and he's got one brown foot and one grey foot. Colour his left foot brown.

ANNEXE 4

Dictée-image

Exemple 1

- This monster's body is blue.
- He's got a yellow head with one black eye, 3 black ears and a blue mouth.
- He's got 2 red arms and 2 green arms.
- His 5 legs are all purple.

Exemple 2

- This monster has got a big fat body and a big head.
- He's got 4 blue eyes and two long noses.
- He's got one mouth and one big ear.
- His hair is short and black.
- He's got 3 right arms. They are long.
- He's got no hands but there are two fingers on each arm.
- He hasn't got 3 left arms, he's got 2 left arms and they're short and red.
- His three legs are very long, his feet are big and he's got nine toes.

Exemple 3 (après avoir introduit le vocabulaire spécifique des animaux).

- This monster has got a long tail. It has got 3 long necks and 3 round heads.
- On each head, there are 2 small eyes and one big eye, 2 long ears and 2 short ears.
- There isn't a mouth or a nose, there's a beak.
- The monster can walk. It's got 5 legs and 5 big feet. It can fly too : it's got 2 big wings.
- The wings are orange and red. The tail is red. The long ears are blue. The big eyes are green. 3 legs are blue and 2 legs are green.

ANNEXE 5

Écouter pour reconnaître

- Le maître distribue les cartes suivantes et décrit les caractéristiques de chaque animal.
- Les élèves doivent numéroter l'animal décrit dans l'ordre de la description : Cette tâche pourra s'effectuer quand les élèves auront acquis le lexique des parties du corps afin de pouvoir corriger à l'oral.

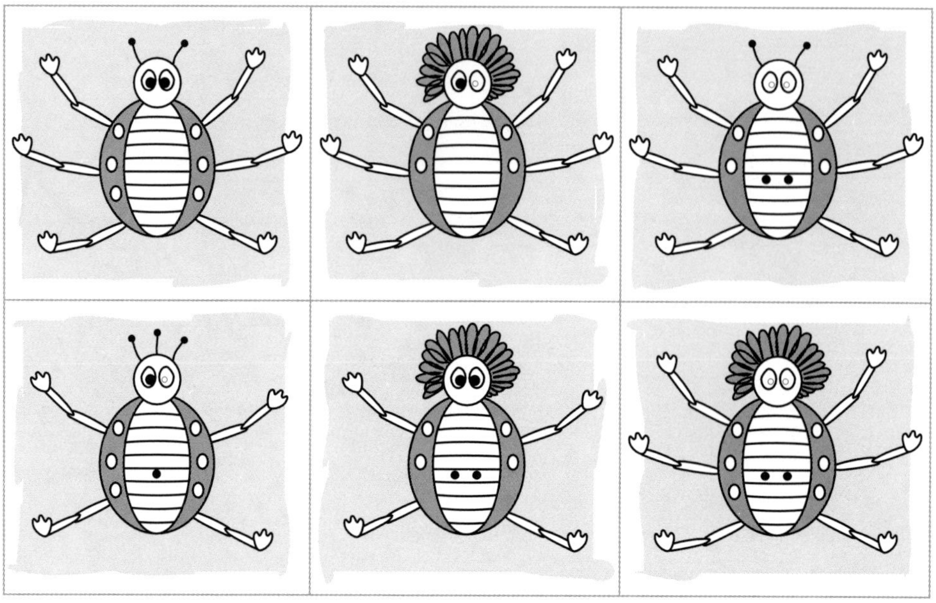

ANNEXE 6

Écouter pour reconnaître

Les élèves entendent les quatre personnages dire ce qu'ils savent faire (√= can) ou pas (✗= can't) et cochent les cases appropriées du tableau suivant :

	climb a tree	ride a bike	roller-skate	swim	play football
Joe					
Jenny					
Mary					
Simon					

- Hello! My name is Joe. I can ride a bike, I can climb a tree, I can also play football but I can't swim and I can't roller-skate either.
- Hi! My name is Mary. I can roller-skate and swim but I can't climb a tree and I can't play football. Oh! I can ride a bike.
- Hello! My name is Simon. I can't climb a tree and I can't roller-skate either... but I can ride a bike, I can swim and I can play football very well!
- Hello! My name is Jenny. I can't ride a bike, I can't play football and I can't climb a tree... but I can roller-skate and I can swim very fast!

ANNEXE 7

Body building

Pour pouvoir jouer à ce jeu de cartes, les dessins doivent être coloriés à l'avance.

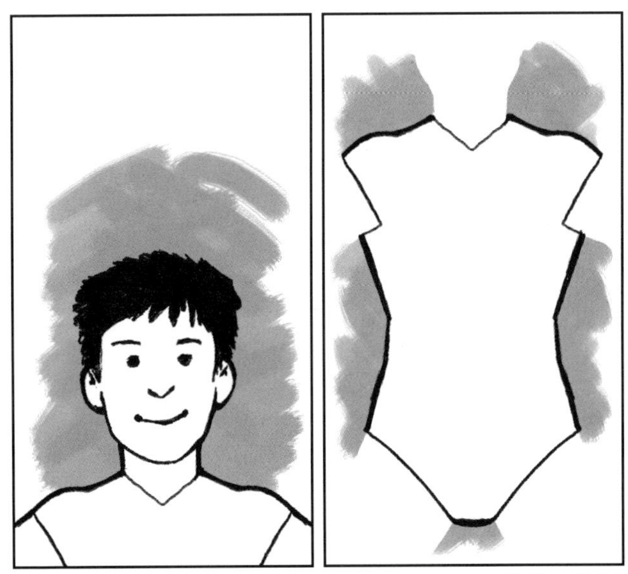

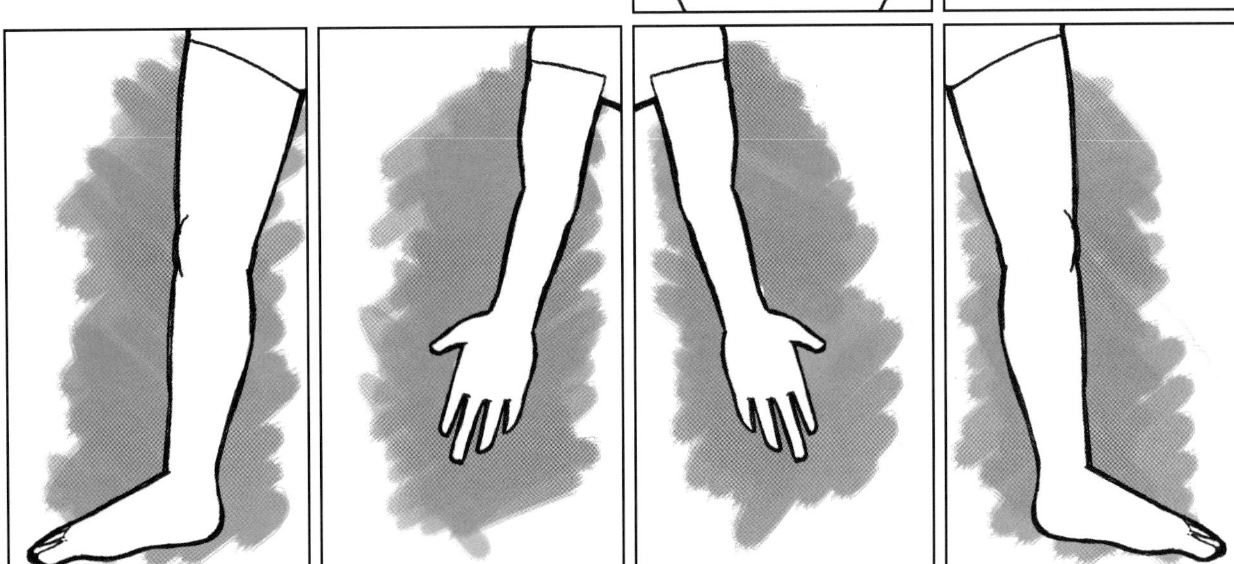

ANNEXES

ANNEXE 8

Parler pour participer à un jeu.

ANNEXE 9

Parler pour communiquer des informations

Sport / Name	 **Play** (tennis)	 **Swim**	 **Ski**	 **Walk**

Sport / Name	 **Skate**	 **Play** (football)	 **Ride** (a horse)	 **Ride** (a bike)

ANNEXE 10

Jeu de Bingo

Chaque élève cache 4 ou 5 cases et joue avec les autres. Lorsque la grille d'un élève est pleine, celui-ci crie : **Bingo!**

Mouth	Head	Nose	Tooth
Eye	Ear	Shoulder	Finger
Foot	Hand	Knee	Leg

Arm	Neck	Toe	Teeth
Face	Chest	Hair	Feet
Thumb	Tummy	Elbow	Chin

ANNEXE 11

Mots mêlés (word square)

S	E	L	F	O	O	T	A
H	A	I	R	H	E	A	D
O	R	P	F	A	E	E	R
U	C	H	I	N	A	L	T
L	E	G	N	D	R	B	Y
D	U	I	G	U	M	O	K
E	C	H	E	S	T	W	N
R	O	P	R	N	O	S	E
M	O	U	T	H	E	Q	E

Liste des mots à trouver (option facultative)

arm	ear	foot	hand	leg	nose	chest
elbow	gum	head	lip	shoulder	chin	finger
hair	knee	mouth	toe			

ANNEXE 12

Who am I?

Complete the sentences

I'm a ....

I'm .... years old.

I've got .... hair.

and .... eyes.

I'm 1 m .... cm tall.

My hair is ....

My name is ....

> boy/girl > nine/ten/eleven/twelve > blond/black/brown/red > blue/green/brown/black > long/short.

Les élèves choisissent parmi les élèments fournis pour compléter le texte (en 2e année, on pourra compléter sans disposer des éléments). Les textes sont mélangés puis lus un à un à la classe qui devine qui a écrit sa description.

ANNEXE 13

Mots croisés (crosswords)

Placer les mots au bon endroit dans la grille ci-dessous.

1. arm / 2. cheek / 3. chest / 4. chin / 5. ears / 6. elbow / 7. eye / 8. face / 9. finger / 10. foot / 11. hand / 12. head / 13. leg / 14. lip / 15. nail / 16. neck / 17. nose / 18. shoulder / 19. thigh / 20. tooth / 21. hair / 22. knee

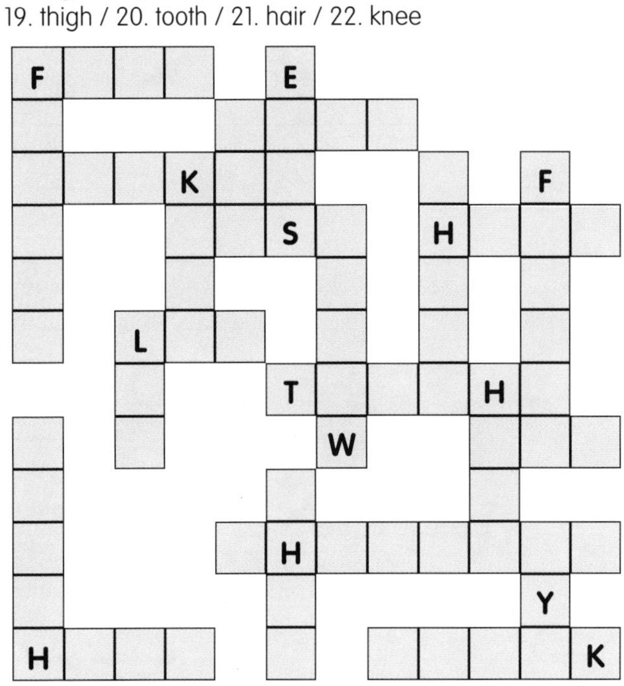

ANNEXE 13

Mots croisés suite (crosswords)

Placer les mots au bon endroit dans la grille ci-dessous.
1. arm / 2. bottom / 3. chin / 4. ears / 5. elbow / 6. face / 7. finger / 8. foot / 9. hair / 10. hand / 11. head / 13. mouth / 14. neck / 15. shoulder / 16. tummy

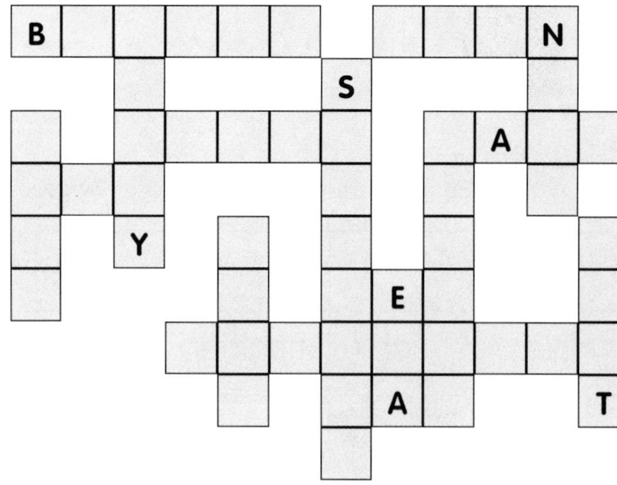

ANNEXE 14

Spot the differences

Les élèves écrivent des phrases correspondant aux différences entre les deux personnages, exemple :
A has got curly hair and B has got straight hair…
A has got a long nose and B hasn't got big ears.

Body

Fiche lexique

head	*face*	*thumb*	*neck*
nose	*hair*	*shoulder*	*bottom*
eye(s)	*chin*	*arm*	*leg*
tooth (teeth)	*cheek*	*elbow*	*knee*
mouth	*chest*	*hand*	*foot* (pl. feet)
lip	*tummy*	*finger*	*toe*
ear	*navel*	*nail*	*thigh*

Food
Topic 5

Cette unité a pour but l'acquisition du lexique relatif à la nourriture et de la fonction langagière LIKE.
On y apprendra à exprimer ses goûts, ses préférences, à questionner les autres sur leurs goûts, à faire ses courses et à faire la cuisine.

Food

LANGUE

Lexique :
- la nourriture
- les verbes d'action relatifs à la cuisine

Éléments langagiers :
I like / I don't like
Do you like ...?
When do you...?

Phonologie :
Regrouper le lexique selon des critères phonologiques (même son, même syllabe accentuée...).

CULTURE

Les habitudes alimentaires dans les pays anglophones
Chansons et albums authentiques

BIOLOGIE

Éducation à la santé
Les bonnes habitudes alimentaires

TICE

Correspondance télématique

MATHÉMATIQUES

Statistiques
(les goûts de la classe)

CONTENUS

LANGUE

Fonctions	Exemples	Éléments langagiers	Phonologie
Dire que l'on aime Dire que l'on n'aime pas	*I like chocolate* *I don't like fish*	*Like* *Don't like*	
Exprimer l'intensité	*I love ice-cream* *I hate spinach*		Accent de phrase *I love ice-cream*
Exprimer la préférence	*I like ... but I prefer* *My favourite food is...*	*But*	
Questionner l'autre sur ses goûts et répondre	*Do you like ...?* *Yes, I do / No, I don't*	*Do* + verbe + réponse courte	Différence entre intonation montante de *Do you like...?* et descendante de *What's your favourite...?*
Parler des goûts de quelqu'un Demander poliment Exprimer une quantité Exprimer le passé	*He likes / she likes / he prefers, his favourite... is...* *Can I have...?* *I bought ... some cheese, a packet of..., a bottle of...* *I had breakfast at 7 o'clock*	*Likes* *His, her* *Some, a bottle of, a packet of.* *Have* au Prétérit	Réalisation des différents /s/ de la 3e personne du singulier Respecter le rythme dans un énoncé complexe

CULTURE

- Lecture d'albums authentiques, exemples :
  The elephant and the bad baby
  The very hungry caterpillar
  Meg and Mog
- Comptines et chansons traditionnelles
- Découvrir les habitudes alimentaires des pays anglophones et les comparer aux nôtres, s'ouvrir à d'autres civilisations.

TRANSDISCIPLINARITÉ

BIOLOGIE

Prolongement du travail sur les habitudes alimentaires : établir des menus équilibrés, étudier les différentes catégories d'aliments.

TICE

Correspondance scolaire : interroger des enfants anglo-saxons sur leurs habitudes alimentaires, leurs préférences, les horaires de leurs repas, échanger des menus, des recettes, etc.

MATHÉMATIQUES

Prolonger les enquêtes de classe par un travail sur les pourcentages, les fractions.
Présenter les résultats sous forme de tableaux, diagrammes, graphiques.

1. ÉCOUTER • compréhension orale

1.1. Écouter pour chanter

- Le *chant (voir Glossaire)* proposé dans HELP (FOL Dordogne) intitulé The Train offre une exploitation particulièrement riche, aussi bien du point de vue du lexique proposé que du travail sur le rythme de la langue.
  La première écoute sera ciblée sur le repérage de la forme très particulière (paire d'aliments, rythme allant en s'accélérant et imitant celui du train se mettant en marche) et sur le repérage du thème abordé : *food.*
  Ce *chant* permet l'introduction d'une première série de mots de vocabulaire que l'on illustrera tout de suite à l'aide de flashcards. *(voir annexe 1)*

• Acquérir un nouveau lexique.
• S'imprégner du rythme de la langue.
• S'entraîner à repérer des éléments ciblés.
• Travailler l'accentuation.

- Plusieurs écoutes seront nécessaires en utilisant les supports visuels *(flashcards)* pour reconstituer l'ordre du « train » *(bacon and eggs, chicken and rice, bread and butter, cheese and biscuits, fish and chips, apple pie, ice cream, tea !).*

• Respecter la forme faible du "and" : ən.
• Acquérir des stratégies d'écoute.

NB.1 Le *chant* comporte un élément culturel très intéressant pour aborder le thème de la nourriture en Grande-Bretagne. Les élèves remarqueront en effet certaines associations comme *« fish and chips »* ou *« cheese and biscuits »* typiquement britanniques.
NB.2 Il existe de nombreux chants et comptines sur le thème de la nourriture.
Ex. I like coffee, I like tea (traditionnel)
Ten fat sausages (traditionnel)
Pat a cake, pat a cake (traditionnel)
Polly put the kettle on (traditionnel)
Let's chant, let's sing (C. Graham., OUP.)

• Apprendre à connaître une autre culture.

1.2. Ecouter pour obéir à des instructions

- **Flashcards** : l'enseignant (puis des élèves à tour de rôle) donne à un élève des ordres du type : *Touch the fish ! Give me the bacon! Point to the chips !...* en utilisant tous les ordres connus de la classe.

NB. Cette activité permettra de fixer le lexique introduit dans le *chant* et d'introduire d'autres mots au fil des séquences *(voir annexe 2 pour les flashcards).*

• Agir pour montrer que l'on a compris.
• S'appuyer sur un support visuel pour mémoriser.

- Cette activité peut trouver un prolongement en utilisant un plan de cuisine simple *(voir annexe 3)* et en rebrassant les prépositions connues (*in, on, under*, par exemple). Les ordres seront alors du type : *Put the biscuits on the table! Put the cake in the basket! Put the coca-cola in the fridge!...*

• Réutiliser les acquis dans un contexte nouveau.

- **Action game** : the Sandwich (HELP, FOL Dordogne)
  Les élèves écoutent une première fois en regardant l'enseignant mimer les actions, puis écoutent plusieurs fois en les reproduisant eux-mêmes *(voir annexe 4 pour le script).* Ces différentes écoutes leur permettront ensuite d'être capables de donner eux-mêmes les ordres et dans une étape ultérieure d'en créer de nouveaux *(voir chapitre 2 PARLER)*

• Associer le corps à la compréhension orale.

- **Jeu** : Simon says *(voir BODY).* Cette activité, en utilisant le mime pour obéir aux instructions du meneur, servira à introduire des verbes d'action du type *cut, slice, chop, mix, stir, pour...* utilisés dans les recettes de cuisine.

• Rester très concentré pour une écoute comportant un enjeu.

- **Cooking** : l'enseignant peut faire réaliser une recette simple en donnant les instructions en anglais.

• Utiliser l'écoute pour réaliser une activité authentique.

1.3. Écouter pour classer.

Cette activité offre une façon différente de rebrasser le vocabulaire de l'unité (voire en introduire d'autre) en demandant aux élèves de ranger les aliments énoncés dans différentes catégories, par exemple : *vegetables, fruit, dessert, fast food, drinks, meat…*

- On pratiquera d'abord collectivement avec les supports visuels (cartes). L'enseignant dit par exemple *beans*, l'élève sollicité doit prendre la carte et la placer sous la bonne étiquette (ici, *vegetables*).

• S'appuyer sur un ordre logique pour classer du lexique afin de mieux de le mémoriser.

- Écoute individuelle *(voir annexe 5)*
Une suite de mots numérotés est énoncée, les élèves doivent reporter les numéros dans la bonne case.

• Écouter de façon individuelle et autonome.

1.4. Écouter pour reconnaître

- **Bingo** : *(voir Méthodologie - Basic Games)* l'enseignant pourra confectionner des grilles à sa convenance en utilisant les dessins proposés en annexes 1 et 2.

• Montrer que l'on reconnaît le lexique.

- Chaque élève dispose d'une fiche *(voir annexe 6 et* CD*)* où sont représentés trois personnages avec de la nourriture devant eux. Il faut écouter ce que chacun emporte pour son pique-nique et l'entourer sur le dessin.

• Isoler les informations nécessaires.

- Plusieurs personnages énoncent ce qu'ils préfèrent, (exemple : *My favourite drink is…, My favourite vegetable is…*). Les élèves doivent cocher les bonnes cases dans le tableau proposé *(voir annexe 7 et* CD*)*.

• Idem.

- Même activité mais les personnages parlent de ce qu'ils aiment ou n'aiment pas *(voir annexe 8 et* CD*)*.

• Idem.

1.5. Écouter pour dessiner

Sur un plan de cuisine *(voir annexe 3)* les élèves doivent dessiner au bon endroit les aliments entendus *(voir annexe 9 et* CD*)*. Plusieurs écoutes sont nécessaires.

• Améliorer la compréhension en utilisant plusieurs écoutes.

1.6. Écouter pour répondre

Après correction collective de l'activité 1.5, le CD propose une série de questions portant sur l'image de la cuisine *(voir annexe 10 et* CD*)*.

• Écouter pour comprendre le sens d'un questionnement.

1.7. Écouter pour comprendre le sens d'une histoire *(voir méthodologie)*

On peut utiliser plusieurs histoires autour du thème de la nourriture, par exemple : The very hungry caterpillar (Picture Puffins), une histoire répétitive structurée autour des jours de la semaine ou Meg and Mog (Picture Puffins) avec le *breakfast* de la sorcière Meg, ou encore The elephant and the bad baby (Picture Puffins) qui utilise le procédé de l'accumulation.

• Interpréter des indices.
• Émettre des hypothèses sur le sens.

1.8. Écouter pour communiquer

- Écouter attentivement dans toutes les activités de pair-work, de devinettes, d'enquêtes de classe décrites dans le chapitre PARLER.

• S'entraîner à écouter l'autre dans une situation de communication.

- Écouter pour comprendre un sketch avant de pouvoir le jouer ou l'adapter (chapitre PARLER) *(voir annexe 11 et* CD*)*.

• S'entraîner à écouter le sens global d'une situation de communication.

1.9. Écouter pour réfléchir sur la culture des autres

Travail sur l'extrait vidéo intitulé le pique-nique (CE2 Sans frontières, unité 2 module 2). Les commentaires sur l'aspect culturel se feront en français mais un vrai travail de repérage de ce qu'on entend, de qui dit certaines choses, de combien de fois on entend tel ou tel mot, peut se faire en anglais.

• *Comprendre une conversation en contexte réel.*

2. PARLER • expression orale

2.1. Parler pour répéter

- Le travail sur le *chant The Train* permettra un travail de répétitions multiples du lexique dans des situations variées :
  – répétitions collectives ;
  – par groupes de 2 (ou plus selon la taille du groupe) : les groupes répètent un élément du chant (*Bacon and eggs*, par exemple) ;
  – avec l'aide des *flashcards* ;
  – sans les flashcards pour une mémorisation complète ;
  – individuellement: on joue la situation du train, chaque élève étant un wagon et devant scander un élément. L'ensemble doit être parfaitement rythmé.

• *Travailler le rythme, les syllabes accentuées, les temps forts et faibles.*
• *Associer la gestuelle.*

2.2. Parler pour acquérir du nouveau lexique

- L'exploitation de ce thème demande un apport de lexique relativement important, à introduire progressivement au cours des séances, et à présenter sous forme de *flashcards (voir annexe 1 et 2)* avec lesquelles on mettra en place des activités variées
  – répétitions collectives individuelles ;
  – classement en différentes catégories, exemple : *vegetables, fruit, dessert, drink, meat, breakfast, fast food.*

• *S'entraîner à mémoriser un lexique abondant.*
• *Apprendre à classer du vocabulaire pour mieux le mémoriser.*

2.3. I went to the market and I bought...

Voir Méthodologie *Word chains*
- Variante : on peut jouer une version plus facile avec les *flashcards* sous les yeux, chaque élève tient son élément dans la main.
- On peut compliquer en jouant sans le support visuel.
- On peut encore complexifier en introduisant des quantificateurs de type *a bottle of, a tin of, a kilo of, a packet of...*

• *S'initier à l'énonciation d'un discours long et pratiquer une mémorisation active.*

- Devinettes : « Do you like...? »
  Les élèves disposent de la fiche *(voir annexe 12)* où sont représentés 6 personnages avec de la nourriture qu'ils aiment devant eux. Un élève choisit d'être un personnage et les autres le questionnent pour deviner qui il est.
  Do you like cheese?, Yes, I do.
  Do you like milk?, No, I don't... You are Tom!, Yes, I am. Well done!
  Variantes :
  – le jeu se joue en pair-work ;
  – les élèves créent leurs propres personnages pour jouer.

- *Guess what I like!*
  L'enseignant décide avec un élève d'un critère de choix de certains éléments. Par exemple, le personnage ne va aimer que le vert. Le groupe questionne l'élève et essaie de deviner le critère.

Ex. *Do you like tomatoes? No, I don't.*
Do you like lettuce? Yes, I do.
Do you like apples? Sometimes... (Le personnage peut aimer uniquement une couleur ou les aliments commençant par une lettre de l'alphabet...)

• *Utiliser ses acquis dans un contexte motivant.*

2.4. Parler pour acquérir des structures

- Avec le support de *flashcards*, de nombreuses activités de communication guidée sont possibles.

• *Première étape vers une communication authentique.*

- Les élèves énoncent ce qu'ils aiment ou pas : chacun prend une première carte en disant : *I like...* et une deuxième en disant *but I don't like...*
- Même chose en exprimant l'intensité : *I love... but I hate...* ou *I like... but I prefer...*
- Les élèves se demandent des aliments ou des boissons : les cartes sont étalées au sol (ou au tableau), chacun demande à son voisin *Can I have a..., the..., some..., please ?*

2.5. Parler pour obtenir des informations : enquêtes de classe

- Les élèves se questionnent pour rechercher des informations sur leurs camarades. Ils complètent des questionnaires qu'ils ont élaborés individuellement ou collectivement *(voir annexe 13).*
  Do you like...?
  What's your favourite...? (dessert, drink, fruit...)
  Ils présentent oralement leurs résultats à la classe, exemple : *Paul likes cheese but he doesn't like chocolate.*

• *Réaliser une véritable recherche d'information.*

2.6. Parler pour donner des ordres

- Sur un plan de cuisine, un élève A dessine des éléments aux endroits qu'il choisit et il doit les faire dessiner à l'élève B qui dispose du plan de cuisine vierge *(voir annexe 3).*
  Put a big packet of biscuits on the table !...
  L'élève B a le droit de questionner : *What colour is the packet?, Where's the chocolate?*, etc.

• *S'entraîner à parler dans une situation tout à fait autonome.*

- **Action game** *(voir chapitres* ÉCOUTER *1.2 et 1.3) Make a sandwich*
  Après avoir pratiqué plusieurs écoutes, les élèves se donnent les ordres entre eux (par paires). Ils peuvent alors créer leur propre sandwich *(a piece of cheese, some onion, a bit of mustard, salt, pepper...).* Les élèves miment les actions.

• *Devenir vraiment autonome dans la création de messages nouveaux.*

2.7. Parler pour jouer un sketch

- À partir de sketches travaillés à l'écoute *(voir annexe 11 cf. chapitre* ÉCOUTER *1.8 et),* les élèves mettent en scène les sketches : *At the restaurant* ou *At the greengrocer's*, en les adaptant, en changeant les dialogues, en créant leurs propres personnages (comique, énervé, triste...).

• *Jouer avec la langue, les différentes intonations, les accents, etc.*

2.8. Parler pour reconstituer une histoire

- À partir d'une ou plusieurs histoires racontées en classe *(voir chapitre* ÉCOUTER *1.7),* les élèves doivent accompagner « oralement » la lecture de l'enseignant, en comptant, en répétant les éléments répétitifs... (par exemple, dans The elephant and the bad baby).

2.9. Parler pour mettre une histoire en scène

- Les albums travaillés en classe peuvent être adaptés pour être joués sur scène.

• Prendre des risques, oser parler en public.

2.10. Parler pour raconter un vécu

- L'enseignant peut introduire la notion de passé en utilisant la question :
  What did you have for lunch/ dinner/ breakfast? I had some... and some...
  ou *When did you have your breakfast? I had breakfast at 7 o'clock.*
  Ces activités seront l'occasion de réfléchir sur l'aspect culturel en comparant les habitudes alimentaires dans les différents pays anglophones et en réfléchissant sur l'éducation à la santé.

• Réfléchir sur l'Autre et s'ouvrir à des cultures et habitudes différentes.

3. LIRE • compréhension écrite

3.1. Lire pour reconnaître à l'écrit le lexique maîtrisé à l'oral

- On peut reprendre nombre d'activités qui ont été pratiquées avec les *flashcards/* dessins en utilisant des cartes montrant les mots écrits.
- Le lexique peut être fixé à l'écrit et collé sur le cahier en le classant en différentes catégories *(fruit, vegetables...).*
- On peut lire 'a posteriori' les paroles des chants et comptines.

• Faire le lien entre phonie et graphie.
• Réfléchir à la phonologie anglaise (par exemple: dessert, orange, etc.).
• Travailler la reconnaissance visuelle des mots.

3.2. Lire pour construire des phrases *(living-sentences, voir Glossaire)*

LIKE / CHOCOLATE / I *DOESN'T / SHE / TEA / LIKE*

• Réfléchir sur le fonctionnement de la langue.

3.3. Lire pour classer du lexique

- Les élèves disposent d'une liste de mots qu'ils ont à ranger dans la colonne qui convient *(voir annexe 14).*

• Lire de façon autonome.

- Chasser l'intrus *(voir annexe 15).*

3.4. Lire pour comprendre des informations

- Une description de cuisine: les élèves lisent la description et dessinent la cuisine *(cf. dessin de l'annexe 3).*

• Comprendre un texte court.

- Trouver le mot : les élèves lisent des phrases du type *it's a delicious brown drink*, et doivent trouver le mot coca-cola, ou *it's a long orange vegetable (carrot).* Les mots peuvent être fournis ou non.

• Travailler sur le sens des messages.

- **Right or Wrong** (✓ , ✗)

Ex. *A carrot is long and red / A cherry is a red vegetable* / etc.

- Répondre aux questions, exemples : *What colour is a banana?* ou *Is a potato blue?*
- Compléter un texte lacunaire. Par exemple, un extrait d'une histoire lue et travaillée en classe.
- Lire une lettre de son correspondant qui parle de ses goûts.

• Lire pour comprendre un message authentique.

4. ÉCRIRE • expression écrite

4.1. Écrire pour fixer les énoncés maîtrisés à l'oral

- Le lexique est copié dans le cahier *(cf. chapitre* **LIRE***)*. On peut se donner des objectifs de mémorisation pour un certain nombre de mots.
  - les aliments, les boissons ;
  - les verbes d'action ;
  - le texte des chansons ;
  - le nom des principaux repas avec l'heure.

• Utiliser l'écrit pour fixer les acquis.

- Chaque élève peut, sur le cahier ou un autre support, présenter ses goûts personnels en dessinant ou en collant les aliments qu'il aime, n'aime pas ou préfère, en écrivant les commentaires : *I like... and... but I don't like..., I prefer..., My favourite drink / food / dessert is...*
  Il peut également présenter un petit déjeuner type : *My breakfast.*

• Utiliser l'écrit pour se présenter, parler de soi.

4.2. Écrire pour communiquer

- Dans le cadre d'une correspondance, le thème de la nourriture sera riche d'échanges.
  Do you like...?
  What's your favourite...?
  At what time do you have lunch /dinner? etc.

• Produire de l'écrit dans une correspondance authentique.

4.3. Écrire pour créer

- A partir de sketches travaillés, on peut demander aux élèves de les reconstituer (dialogue en désordre), d'en créer un nouveau...
- On peut créer des menus fantaisistes, britanniques, américains, de fête...

• Être créatif, transférer ses acquis dans une situation de création.

1. ÉCOUTER • compréhension orale

1.1. Lexique

- L'enseignant distribue la grille suivante sans les chiffres. Il dicte une série de mots.
  Les élèves notent le numéro d'apparition sous le dessin correspondant.

Dictée : 1. a chicken – 2. chips – 3. a banana – 4. carrots – 5. coffee – 6. cheese – 7. cherries – 8. eggs – 9. milk – 10. biscuits – 11. fish – 12. crisps

1.2. Structure

- L'enseignant énonce les phrases ci-dessous, les élèves doivent reconnaître les personnages à qui elles se rapportent

TOM JULIE BEN

Phrase 1 : I like biscuits, chocolate and tomatoes.
Phrase 2 : I like chocolate, potatoes and ham.
Phrase 3 : I like peaches, chocolate and carrots.

1.3. Phonologie

- Les élèves doivent discriminer entre les sons [ɒ] ex : orange et [əʊ] ex : coke
  L'enseignant énonce une série de mots, les élèves doivent noter ✓ pour [ɒ]
  et ✗ pour [əʊ]

coffee	potato	orange	chocolate	toast	coke	cauliflower	hot-dog	a kilo	onion

2. PARLER • expression orale

- Chaque élève parle de ce qu'il aime, n'aime pas, préfère… On enregistre pour évaluer par la suite.

3. LIRE • compréhension écrite

3.1. Lexique

- L'enseignant distribue une série de dessins de différents aliments et boissons et une série de mots écrits correspondants. Les élèves doivent faire correspondre les deux.

3.2. Structure

- Les élèves doivent remettre en ordre les phrases en désordre
  – but - I - like - cheese - don't - spinach - I - like
  – likes - she - and - chips - lemonade
  – favourite - is - my - drink - coke

4. ÉCRIRE • production écrite

4.1. Lexique

- L'enseignant distribue une série de dessins. Les élèves doivent écrire le nom des aliments ou boissons en dessous.

4.2. Structure

- Chaque élève doit écrire un texte bref pour exprimer ses goûts : dire ce qu'il aime, n'aime pas, ce qu'il adore ou déteste.

ANNEXE 1

Écouter pour chanter (1)

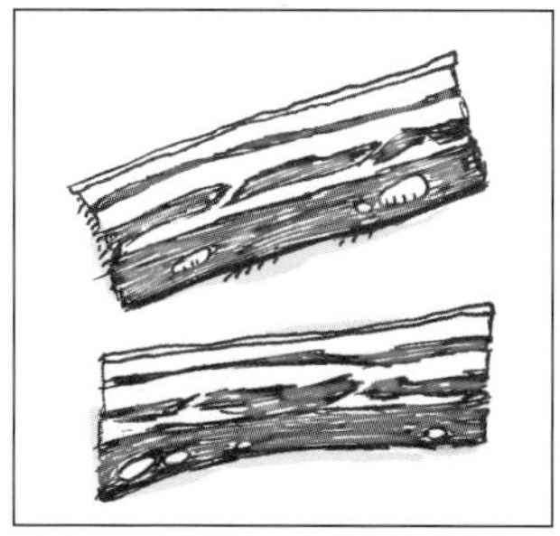

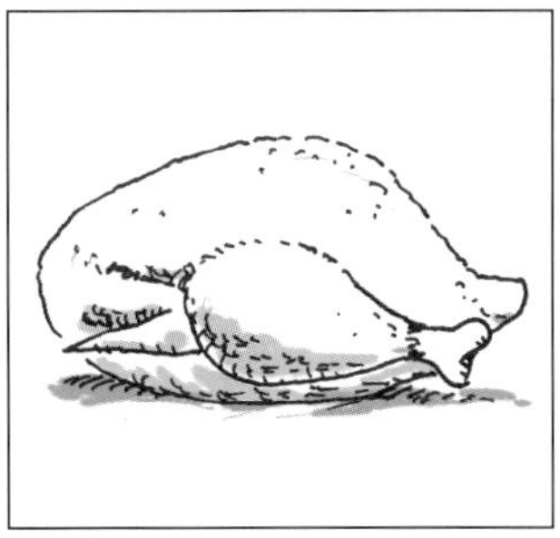

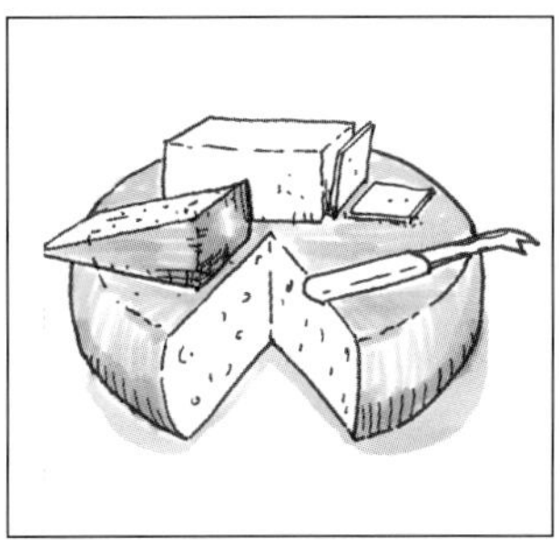

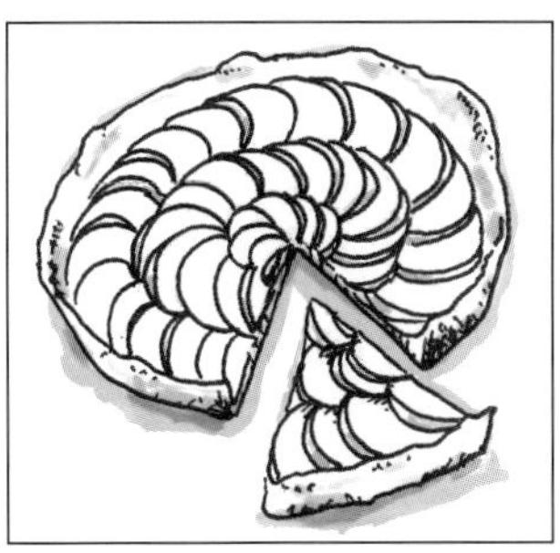

ANNEXE 2

Écouter pour obéir à des instructions (1.2)

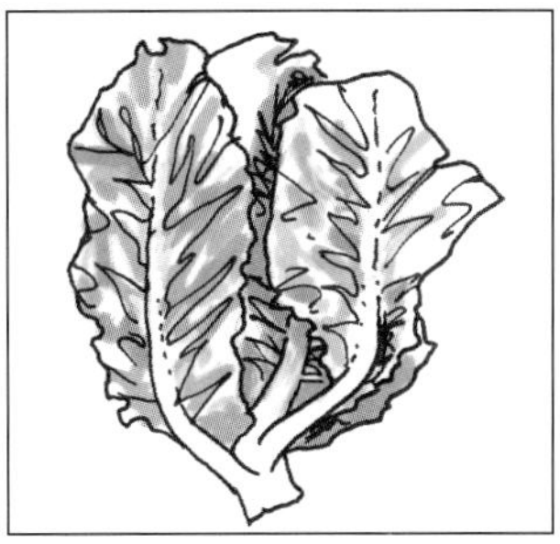
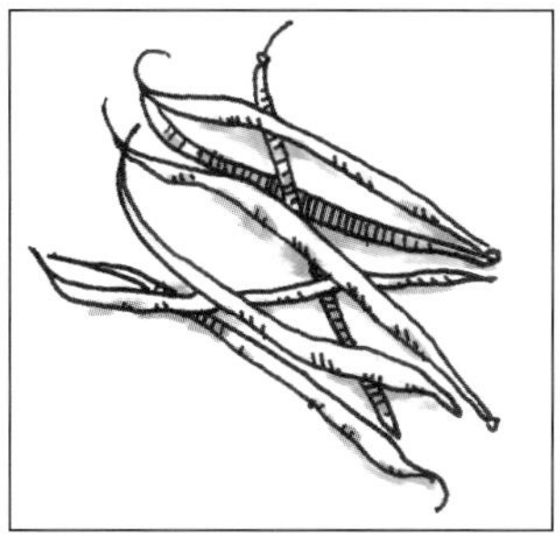

ANNEXES

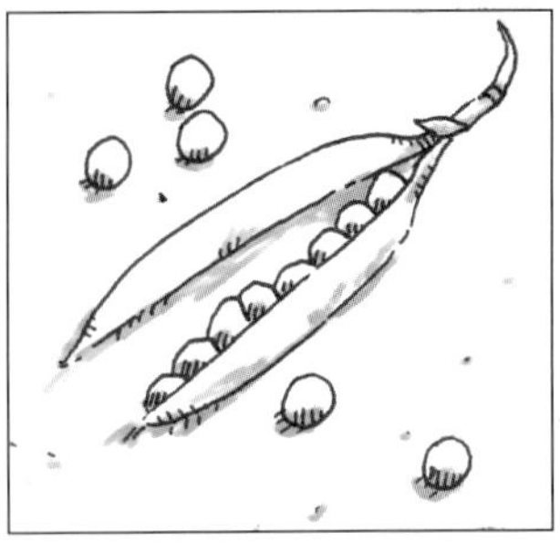

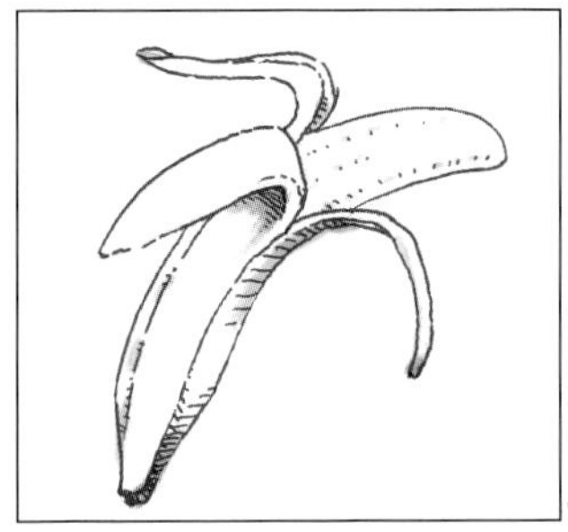

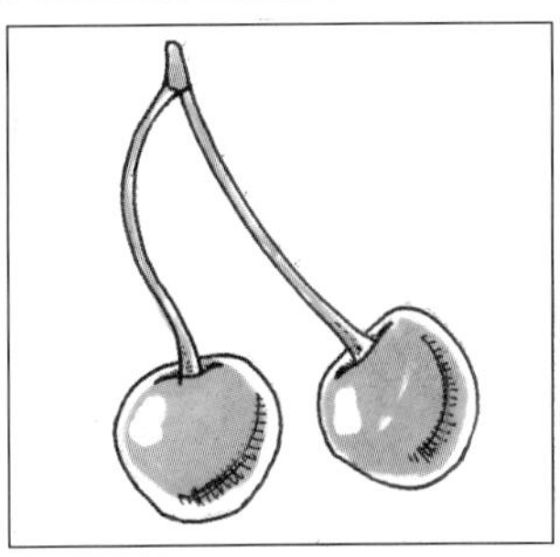
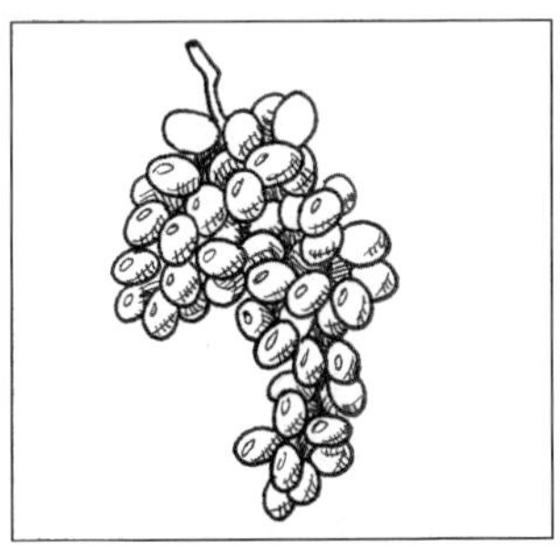

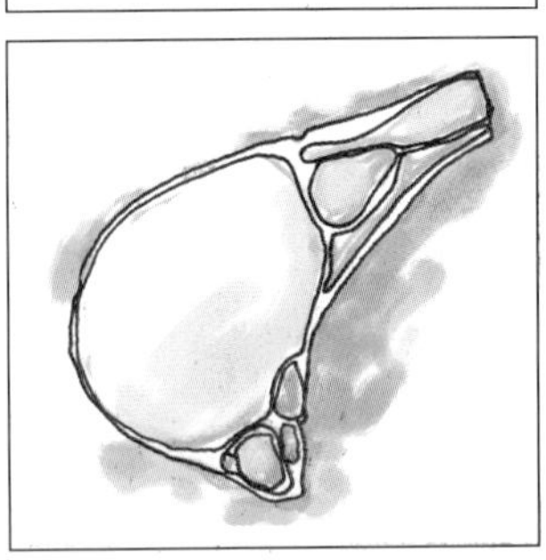

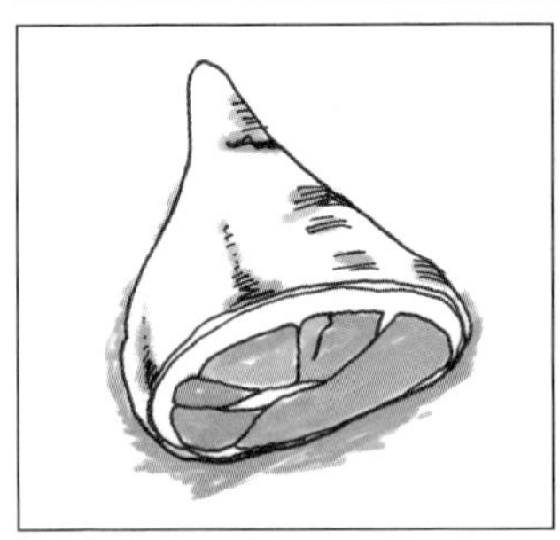
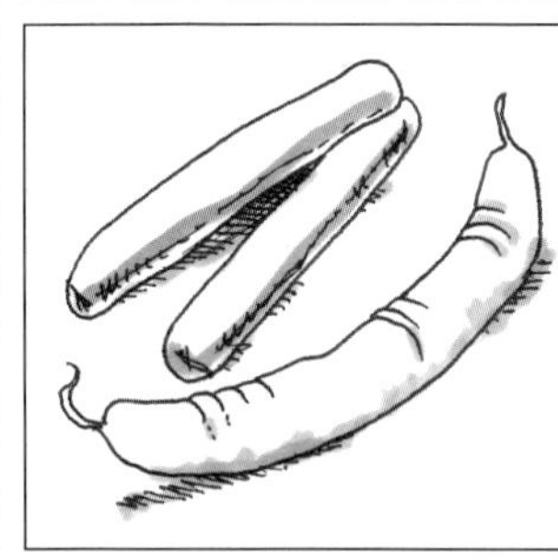
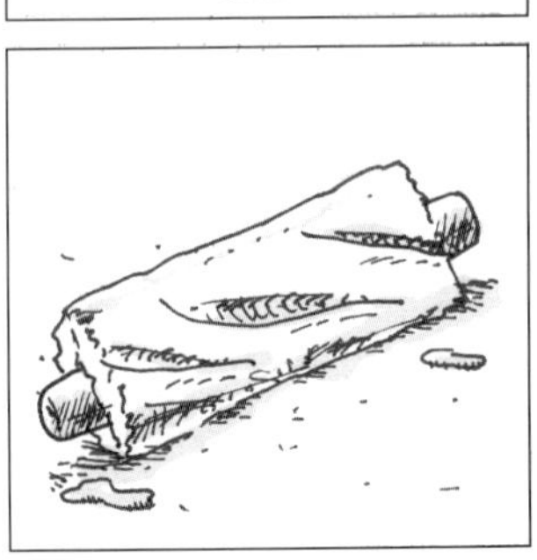

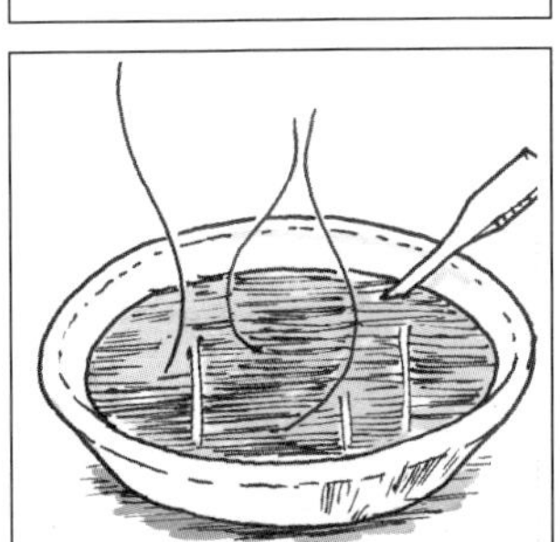

ANNEXE 3

Écouter pour obéir à des instructions (1.2)

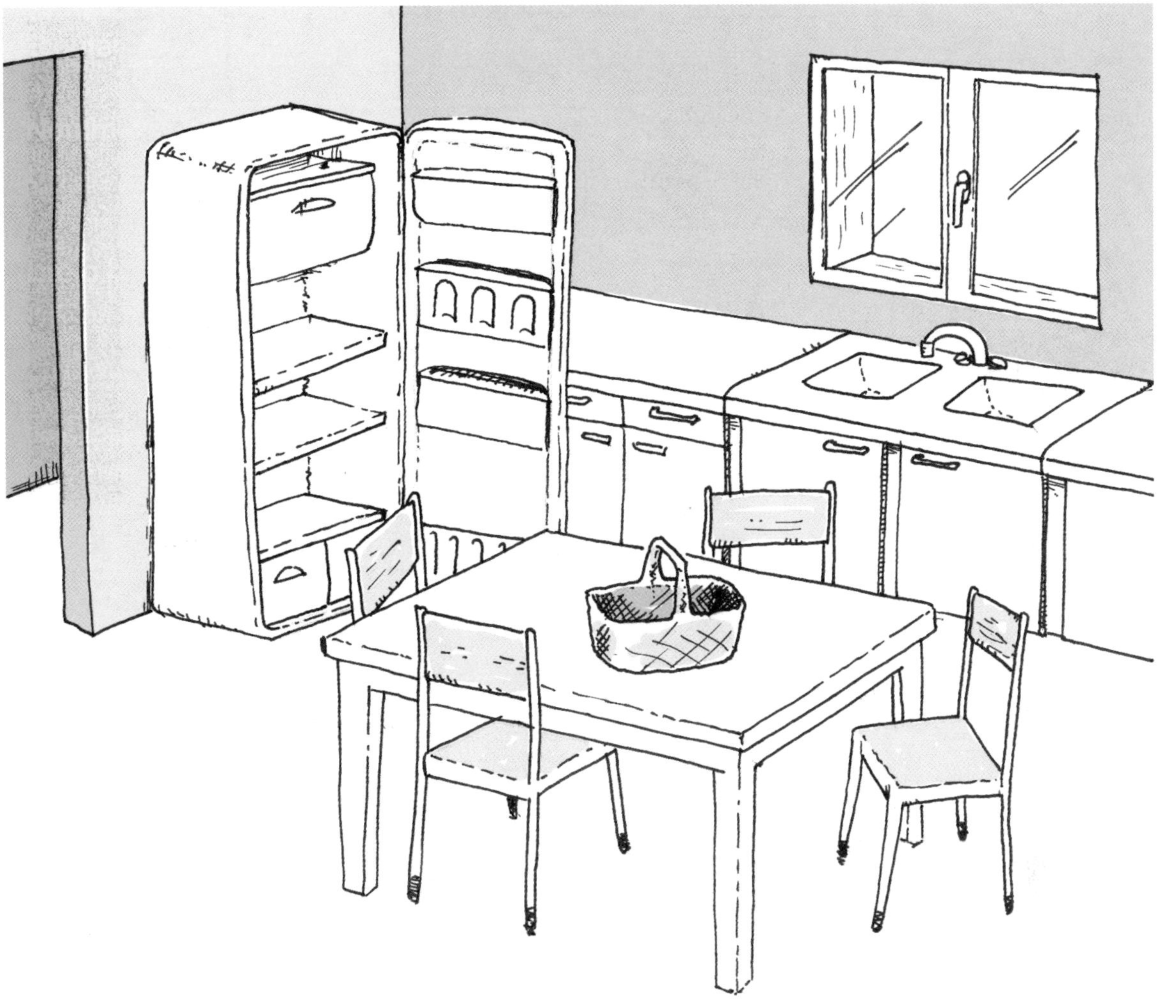

ANNEXE 4

Écouter pour obéir à des instructions (1.2)

Take a slice of bread.
Spread some butter on the bread.
Put a slice of ham on the butter.
Squeeze some ketchup on the ham.
Cut the slice in two.
Make a sandwich and… eat it !

ANNEXE 5

Écouter pour classer (1.3)

	Vegetables	Fruit	Drinks	Meat	Sweet food	Savoury food
1.						
2.						
3.						
4.						
5.						
6.						
7.						
8.						
9.						
10.						

Dictée : 1. tea - 2. apple pie - 3. ice-cream - 4. salad - 5. a lemon - 6. bacon - 7. water - 8. strawberries - 9. pizza - 10. spaghetti

ANNEXE 6

Écouter pour reconnaître (1.4)

TOM **JENNY** **PETER**

1) Hello! My name's Tom. For my picnic I'm taking a packet of biscuits, a piece of chicken, a bottle of water and some grapes
2) Hello! I'm Jenny. For my picnic I'm taking a slice of ham, a packet of crisps, some coke and a banana.
3) Hello! I'm Peter. For my picnic I'm taking a bar of chocolate, a hot-dog and some cheese.

ANNEXE 7

Écouter pour reconnaître (1.4)

	Tea	Water	Coke	Banana	Peach	Orange	Spinach	Potato	Carrot
Peter									
Lisa									
John									
Mary									

- My name's Peter. My favourite drink is water, my favourite fruit is bananas and my favourite vegetable is carrots.
- My name's Lisa. My favourite fruit is peaches, my favourite vegetable is carrots and my favourite drink is coca-cola.
- My name's John. My favourite vegetable is spinach, my favourite fruit is oranges and my favourite drink is tea.
- My name's Mary. My favourite drink is coke, my favourite fruit is bananas and my favourite vegetable is potatoes.

ANNEXE 8

Écouter pour reconnaître (1.4)

	Spinach	Fish	Milk	Onion	Cheese	Ice-cream
Sarah						
Jenny						
Tom						
Jack						

- Hi! I'm Sarah. I like milk and cheese. I love ice-cream but I don't like fish, I don't like onion and I hate spinach.
- Hello! I'm Jenny. I like spinach and onion, I love ice-cream but I don't like cheese and I hate fish.
- Hi! My name's Tom. I love cheese! I don't like spinach, I don't like onion but I like fish, milk and ice-cream.
- Hi! My name's Jack. I don't like ice-cream. I don't like cheese and I hate milk! But I like spinach and fish and I love onion!

ANNEXE 9

Écouter pour dessiner (1.5)

- There is a bottle of milk in the fridge.
- There is a packet of biscuits on the table.
- There are 4 apples and 2 bananas next to the biscuits.
- There is a bottle of water under the table.
- There are 6 eggs and a fish in the fridge.
- There is a lettuce in the basket.
- There are 2 packets of cereals next to the basket.
- There is a loaf of bread on the fridge.

ANNEXE 10

Écouter pour répondre (1.6)

- Where's the bread?
- How many eggs are there?
- Where's the packet of biscuits?
- How many apples are there?
- Where's the basket?
- What's in the basket?

ANNEXE 11

Écouter pour communiquer (1.8)

Sketch n°1: At the restaurant

Waitress "Good evening, sir! Good evening, madam! Come in, please. Sit down. What would you like?"
Man " Can we have a menu, please?"
Waitress "Here you are!"
Man "I'd like some soup, a steak with chips and a chocolate ice-cream, please."
Waitress "Very well, what about you, madam?"
Woman " I'd like a tomato salad, fish and chips with peas and a fruit salad, please."
Waitress " Yes madam. What about a drink?"
Woman "Some water please."
Man "And a glass of wine for me, please."
Waitress "Very well. Have a good meal!"

Sketch n°2: At the greengrocer's.

Greengrocer "Good morning madam, what would you like?"
Customer "Can I have a kilo of potatoes, please?"
Greengrocer "Yes, here you are"
Customer "Thank you. I'd like a pound of strawberries with five apples, please."
Greengrocer "Would you like green or red apples?"
Customer "Green apples please."
Greengrocer "Here you are."
Customer "How much is it?"
Greengrocer "It's two pounds and thirty pence, please"
Customer "Here you are"
Greengrocer "Thank you very much. Goodbye."
Customer "Goodbye "

ANNEXE 12

Devinettes (2.3)

TOM

JENNY

SARAH

PETER

SUZY

PAUL

ANNEXE 13

Parler pour obtenir des informations (2.5)

Ask 4 friends:

Do you like…?	Cheese	Milk	Spinach	Fish	Lemon	Onion
friend n°1						
friend n°2						
friend n°3						
friend n°4						

What's your favourite…?	Fruit	Vegetable	Drink	Sweet food	Savoury food
friend n°1					
friend n°2					
friend n°3					
friend n°4					

ANNEXE 14

Lire pour classer du lexique (3.3)

Ranger les mots dans la bonne colonne

A potato	A chicken	Tea	Coke	Cheese	Biscuits	An apple pie	Ham	A lettuce	Rice
Beef	Bacon	Spaghetti	Beans	An apple	A banana	Water	Pizza	Sausages	

Fruit	Vegetable	Meat	Drink	Sweet food	Savoury food

ANNEXE 15

Lire pour classer du lexique (3.3)

Chasser l'intrus.

A banana	an orange	beans	an apple	grapes
a hot-dog	a pizza	spaghetti	an ice-cream	bacon and eggs
a cake	an ice-cream	chocolate	pasta	an apple pie

LEXIQUE

Food

Fiche lexique (la syllabe en gras est accentuée)

VEGETABLES	Ham	**Cho**colate
Beans	Pork	Des**sert**
Carrot	**Sau**sage	**Fast**-food
Cauliflower		**I**ce-cream
Lettuce	DRINKS	Jam
Onion	Coke	Pie
Peas	**Cof**fee	**Su**gar
Po**ta**to(es)	**Le**monade	
Spinach	Milk	**SA**VOURY FOOD
To**ma**to(es))	**O**range juice	Bread
	Tea	**But**ter
FRUIT	**Wa**ter	Cheese
Apple		Chips
Ba**na**na	**QUAN**TITIES	Crisps
Cherry(ies)	A **bo**ttle of	Egg
Grapes	A **ki**lo of	Fish
Lemon	A **pa**cket of	**Ham**burger
Orange	A pound of	**Hot**-dog
Peach(es)	A tin of	**Piz**za
Strawberry(ies)	Some	Rice
		Salad
MEAT	SWEET FOOD	Soup
Bacon	**Bis**cuit	Spa**ghe**tti
Beef	Cake	Toast
Chicken	**Ce**reals	

Animals

Dans ce chapitre, l'élève poursuivra l'apprentissage entamé en **Topic 4 - BODY**, apprendra à décrire un animal, à le caractériser (dire ce qu'il sait ou ne sait pas faire) et à questionner les autres à son sujet.
Il apprendra à dire ce qu'il aime ou pas, et ce que tel ou tel animal aime ou n'aime pas, ainsi qu'à poser des questions à son sujet. Il apprendra à formuler des réponses courtes *(yes/no)*, à donner des renseignements supplémentaires concernant l'animal (avec *live, eat, drink*) ou à répondre brièvement à des questions le concernant.

Animals

LANGUE

Lexique

- Animaux divers.
- Parties spécifiques du corps.
- L'habitat.
- Pays.
- Adjectifs.
- Verbes d'action.

Éléments langagiers

Has got / have got
Like
Can / can't

Phonologie

Travail sur les mots polysyllabiques.

CULTURE

Utilisation de jeux, comptines et documents authentiques et traditionnels.
Les animaux sauvages et leur milieu naturel
Pets (comparaison avec les habitudes françaises)

EXPRESSION CORPORELLE

Walk like an elephant

SCIENCES NATURELLES GÉOGRAPHIE

Habitat / nourriture / mode de vie
Description détaillée d'une espèce

ART PLASTIQUES

Création d'un livre

MATHÉMATIQUES

Numération
Graphiques

CONTENUS

LANGUE

Fonctions	***Exemples***	***Éléments langagiers***	***Phonologie***
Dire ce que l'on possède ou pas	*I've got a cat* *She hasn't got...*	*Have got* *Hasn't got*	réalisation de *I've got*
Dire ce que l'on aime Exprimer une préférence	*I like elephants* *It's my favourite animal*	*Like* (Pr. Simple) *Be*, place de l'adjectif	similitude *I, like* /ai/
Décrire un animal	*It's got four legs* *It's black*	*Has got* *Be*	réalisation du /h/ de has
Dire ce qu'il peut faire Ou ne peut pas faire	*It can run* *It can't swim*	*Can* *Can't*	réalisation [kən] [ka:nt]
Dire ce qu'il aime	*It likes playing ball*	*Like* (Pr. Simple)	
Dire ce qu'il mange	*It eats dog biscuits*	*Eats*	prononciation du /s/ final
Dire d'où il vient Dire où il vit	*It comes from Africa* *It lives in a zoo*	*Comes / lives* prépositions de lieu	
Demander un nombre	*How many toes has a cat got?*	*Has got* *How many* + nom pluriel	prononciation /s/ du pluriel [au] dans *How* intonation descendante
Demander : Ce qu'une personne possède Si cette personne possède	*What sort of pet have you got?* *Have you got a pet?*	*What* *Have got*	réalisation du /h/ de *has*
Demander à une personne : Quel animal elle aime Ce qu'un animal aime	*Do you like?* *Does it like?*	*Do* (forme interrogative) *Does*	prononciation *Do / does*
Demander ce que l'animal peut ou sait faire	*Can it swim?*	*Can*	
À une question fermée, donner une réponse courte	*Can it swim?* *Yes, it can/No, it can't* *Have you got a cat?* *Yes, I have/No, I haven't*		

CULTURE

- Utilisation de documents authentiques.
- Les animaux dans les pays étudiés.

TRANSDISCIPLINARITÉ

LECTURE D'IMAGES (observation, sens possibles)

Le livre simple et significatif pour tout-petits :
- concevoir un livre en rapport avec l'âge du lecteur ;
- sens recherché –> à image choisie / couleur + style choisi / texte choisi).

Production améliorée du livre personnel (ré-investissement).

SCIENCES NATURELLES / SCIENCES HUMAINES

- Connaissance des animaux et de leur habitat.
- Éventuellement, les espèces en danger.

1. ÉCOUTER • compréhension orale

1.1. Écouter pour apprendre

(à faire en parallèle avec « Parler pour répéter »)
– de nouveaux mots ;
– de nouvelles structures.

• *Acquérir et progresser.*

- L'enseignant présente les nouveautés au tableau de feutre, avec des images *(voir* Méthodologie *- utilisation de l'image)*, et veille dès le départ à l'acquisition de la prononciation, de l'intonation *(voir annexes 1, 2 et 3)*.
Possibilité d'utiliser les enregistrements du CD audio d'accompagnement comme modèle *(voir lexique)*.

• *Répéter correctement/*
• *S'habituer à bien distinguer les sons anglais.*

1.2. Écouter pour reconnaître un mot

(placé dans un ensemble connu)

• *Montrer ce que l'on a compris.*

- L'enseignant montre un ensemble d'images (nouveau vocabulaire) et prononce un mot.
Un élève désigne l'image correspondante, ou prend l'image sur la table.

• *Mémoriser.*

- Les images correspondant à un certain nombre de mots nouveaux sont éparpillées sur une table ou par terre (visibles et accessibles à tous les élèves).
L'enseignant demande *Show me the [rabbit]!* ou *Pick up the rabbit!* ou *Put the rabbit on the flannel-board!... (annexes 2, 3 et 4, (CD) pour phrases exemples)*

• *Réagir selon la phrase.*
• *Bien obéir à une consigne.*

1.3. Écouter pour apprendre

Apprendre et prédire la suite d'une histoire ou d'un album en fonction de la suite des images *(voir* Méthodologie*)*.

- Ci-après un choix d'histoires :
  – Pat the Cat.
  – One Bear at Bedtime.
  – Brown Bear.
  – Hairy Maclary.
  – Dear Zoo.
  – The Dinosaur Egg.

• *Comprendre globalement pour apprendre des expressions typiques.*
• *Prédire la suite dans une histoire à répétitions.*
• *Découvrir l'histoire.*

1.4. Écouter pour chanter

Voir Méthodologie : Books, songs and chants
Il existe de nombreuses possibilités mais :

- certaines sont plutôt « pour apprendre ».

Ex. *Rabbits/Robots ; Do you like cats? ; There's a cat in the tree* (Carolyn Graham, Niveau 1)

• *Discriminer, repérer, distinguer.*
• *Discriminer un son.*
• *Acquérir la structure de phrases.*

- d'autres, plutôt traditionnelles, ont un intérêt culturel *(voir Bibliographie)*.

• *S'approprier une nouvelle culture.*

1.5. Écouter pour comprendre un message et agir

- *Right/Wrong sentences*
L'enseignant prononce une série de phrases qui peuvent être très proches. Les élèves disent *Yes, that's right! / No, that's wrong!*, ou bien ils font « oui/non » de la tête si l'enseignant souhaite se concentrer uniquement sur l'écoute.

Ex. *An elephant has got 4 legs / An elephant has got 2 legs. (annexe 5 + (CD))*

• *Distinguer les détails et manifester sa compréhension.*

ACTIVITÉS

- L'enseignant propose une série d'images (au tableau ou sur une feuille individuelle pour chaque élève) et dit une phrase qui correspond à une image (ou bien à plusieurs). L'ensemble des phrases prononcées doit indiquer clairement une image. *(annexe 6 + ◎)*
- Variante : chaque élève (ou petit groupe) a une image différente, l'enseignant organise sa série de phrases de façon à concerner chaque élève qui devra se lever/s'asseoir en fonction de la correspondance entre la phrase et son image [la réaction est physique et visible mais peut être silencieuse].
  Le groupe valide avec *that's right/wrong!* ou bien *Sit down John!*

• Mobiliser les connaissances antérieures et les intégrer à des éléments nouveaux.
• Trier l'information.

- Écouter pour dessiner/colorier (*voir dictée-image :* BODY) *(annexe 7 + ◎)*

• Comprendre des renseignements.
• Exécuter des consignes.

- Écouter pour placer un élément dans un ensemble *(annexe 8 + ◎)*
  Chaque élève a le plan d'un zoo ou d'une ferme avec des enclos ou bâtiments qui peuvent être numérotés ou non selon le niveau des élèves.
  Ils écoutent l'enseignant/la cassette pour savoir le nom/le nombre/l'emplacement de chaque espèce, et placent ces éléments sur le plan.

• Idem.

1.6. Écouter pour associer phonie-graphie

- Après la mise en place des nouveautés et la mémorisation, l'enseignant commence une séance en demandant aux élèves de prononcer les nouveaux mots. Au fur et à mesure, il les écrit au tableau, bien espacés, et les élèves les observent. Ensuite il prononce un mot et un élève le désigne. Par la suite différents élèves « lisent ».

NB. Une activité de ce genre est particulièrement intéressante dans ce thème vu le nombre de mots qui «ressemblent» au français (mots transparents).

• Reconnaître le mot écrit.

- Écouter et construire une phrase avec des étiquettes-mots *(voir Glossaire).*

• Placer des mots dans l'ordre avant d'écrire soi-même des phrases.

1.7. Communiquer « librement »/ participer à un jeu de communication (à faire en parallèle avec PARLER)

• Communiquer.
• Deviner.
• Pouvoir questionner.

- *Guessing game* avec les images, connues des élèves, utilisées pour 1, 2… (associé à PARLER)
  Un élève A choisit une image, sans la montrer. Les autres posent des questions et dans un premier temps l'élève A doit comprendre et répondre *Yes, No.*
  Variante : l'enseignant (ou un élève) pose une image du tableau de feutre dans le dos d'un élève qui lui-même tourne le dos à la classe. L'élève questionne la classe et doit <u>bien</u> écouter les réponses (il ne voit pas le visage de ses camarades).

Ex. *Am I a big animal? Am I brown? Have I got four legs? Do I like… cats,…? Can I ?*

• Bien écouter l'autre.

- Class survey *(Glossaire et annexe 9)*

Ex. *Have you got a pet? Do you like cats?*

• Interroger.

1.8. Écouter une histoire courte

- Elle est lue par l'enseignant ou un élève *(annexe 10 + ◎).*

• Manifester sa compréhension

2. PARLER • expression orale

2.1. Parler pour répéter les mots ou structures nouveaux ou déjà en voie d'acquisition

- Répéter au moment de la présentation (à faire en parallèle avec « Écouter pour apprendre »)

• S'approprier des connaissances.

- Travail intéressant sur prononciation/intonation, d'autant plus qu'il y a un certain nombre de mots longs.

• S'entraîner à prononcer.

- *Kim's game* : Dans un ensemble d'images, l'enseignant retire une image tandis que les élèves ferment les yeux. L'élève qui repère l'élément manquant dit le mot correspondant.

• Répéter avec du sens.
• Mémoriser.

- Un certain nombre (12, 16,…) d'animaux sur une grille. L'élève dit : *B3 is an elephant. (annexes 2 et 3).*

• Consolider ses compétences transversales ; ici, lecture d'un tableau à deux entrées.

- Songs/chants *(voir Méthodologie : Books, songs and chants).*
  Après l'étape écoute/compréhension, la classe répète peu à peu la chanson.

• S'approprier la langue « authentique ».
• Travailler le rythme.

2.2. Parler pour dire des phrases qui sont guidées par les images

Au tableau de feutre ou tout autre système d'images *(voir* Méthodologie *- utilisation de l'image).*

• Formuler des phrases dont le sens est déjà explicité.

- Ici on développera *I like / Do you like? / I don't like / I can see / Can you see? I can't see* après avoir repris *be* et *have got.*
  Exemple des phrases à produire : *I like dogs / Dogs don't like cats / Do you like elephants?.*

- Créer un « chant/song » sur le même *pattern* qu'une chanson déjà utilisée.

Ex. *Do you like cats?* (voir Carolyn Graham : *Let's chant! Let's sing!*) : chaque groupe d'élèves prépare une autre strophe qu'il chante aux autres.

• Acquérir des automatismes.
• Produire et créer en suivant un modèle.

2.3. Parler pour participer à des jeux d'accumulation ou de mise en ordre de mots

- Jeu de *Word chains (voir* Méthodologie - Basic Games*).*

Ex.1 *I went to the zoo and I saw…* (selon le niveau) *an elephant / three elephants / three big elephants.*
Puis chaque élève reprend le tout et ajoute un autre élément.

Ex.2 *I've got an alligator* (élève A) / *I've got an alligator and a bear* (élève B) et ainsi de suite.

Ex.3 (pour élèves plus avancés) *I've got a cat called Chris (or Kevin).*

• Mémoriser dans une situation qui donne un cadre.

- Préparation en commun d'une « liste » (qui pourra servir de base pour la mémorisation à partir de l'écrit)

Ex. *Animal alphabet* en parallèle avec *pet animals* ou *farm animals.*
L'enseignant demande à un élève d'écrire l'alphabet au tableau, puis il montre, par exemple, la lettre « E » en disant et en écrivant *elephant.* Les élèves continuent à proposer des mots oralement et l'enseignant note.

Ex. *Pet animals* ou *farm animals* ou *zoo.*
L'enseignant écrit *pets* puis il dit : *a dog is a pet* en écrivant le mot dog. Les élèves continuent en suivant le modèle *(annexe 11 + CD).*

• Classer le vocabulaire en catégories.
• Visualiser le mot.

2.4. Parler pour répondre à l'enseignant ou à un camarade

(en parallèle avec écouter pour comprendre un message)

- L'enseignant pose des questions : *How many legs has a bird got?, What colour is a tiger?, Do kangaroos live in France?, Can you see a pig in the picture?,...* et l'élève répond.

• Communiquer pour combler une information manquante (information gap).

- L'enseignant dit : *A cat has got long ears* et l'élève réagit : *No, that's wrong!*

• Montrer son accord ou son désaccord.

- *Class-survey* pour renseigner une grille *(voir Glossaire et annexe 9)*

Ex. *Have you got a cat? –> Yes, I have ; Do you like frogs? –> No, I don't.*
Puis compte-rendu oral à la classe, exemple : *Mary has got a cat, a dog and two goldfish.* Eventuellement, rédaction d'une phrase dans le cahier (trace écrite).

• Communiquer les résultats d'une enquête.
• Utiliser la 3e personne.

- Parler pour participer à un jeu de devinette *(voir ÉCOUTER - 1.7).*

2.5. Parler

- Pour participer au développement de la lecture (par l'enseignant) d'un album *(voir ÉCOUTER - 1.3).*
Un(des) élève(s) dit/disent l'élément de l'histoire qui se répète ou peut se prévoir en se guidant avec l'image
- Pour participer à un jeu de rôle, après la lecture d'un album.

Ex.1 Mise en scène de l'histoire d'origine.
Ex.2 Développement de l'histoire en gardant le même cadre *(voir méthodologie du conte).*

3. LIRE • compréhension écrite

3.1. Lire pour reconnaître le lexique maîtrisé à l'oral

• Faire le lien phonie-graphie.

- Association mot dit / mot vu.
Liste de mots au tableau, l'enseignant lit un mot et un élève désigne ce mot.
Variante: un élève lit et l'élève au tableau ne désigne le mot que s'il a été bien dit.
- Association mot / image.
Des images et leurs noms écrits sur étiquettes sont au tableau. Un élève doit prendre les deux étiquettes qui correspondent.

• Lien graphie - image.

- Chaque élève a une photocopie avec des images et des mots qu'il doit relier

• Idem.

- Chaque élève a une photocopie comportant uniquement des mots. Il doit entourer les mots (1e dictée) puis mettre dans l'ordre (2e dictée) les mots dictés par l'enseignant *(annexe 12).*

• Lien phonie - graphie.

3.2. Lire pour étudier.

Ex. Les élèves utilisent leur *Animal Alphabet* constitué ensemble en cours et photocopié par l'enseignant.

• Apprendre et mémoriser (individuellement).

3.3. Lire pour construire des phrases (Pré-écriture)

- *Living-sentences* : travail collectif avec discussion au besoin *(voir Glossaire).*
- Composition de phrases individuelles à partir de mots à découper *(grille à agrandir et à dupliquer - annexe 13).*

• Assembler les éléments lus.

3.4. Lire pour comprendre des renseignements (exemples en annexe)

- Renseigner une grille *(annexe 14)*.
- Remettre une histoire dans l'ordre *(annexe 15)*.

• Comprendre l'ensemble d'un message.

- Choisir la bonne image *(annexe 16)*.
- Compléter un texte lacunaire ou avec images à la place des mots *(associé à* ECRIRE*)* *(annexe 17)*.

• Lire et agir seul.

3.5. Lire à haute voix

- Les élèves, seuls ou en groupe, préparent à l'écrit un texte simple. L'un d'entre eux le lit.

Ex. *I went to the zoo and I saw (voir* PARLER*).*

- Un élève lit l'album qu'il a créé.

• Communiquer / partager

4. ÉCRIRE • expression écrite

4.1. Écrire pour 'fixer', après un travail d'acquisition.

- Les élèves copient au tableau : mots, phrases (pour les structures), chansons simples.

NB. Les mots et les phrases seront préparés ensemble à l'oral.

• Copier pour s'approprier la forme écrite.

4.2. Écrire pour montrer ce que l'on sait.

- En début d'heure, les élèves viennent librement écrire au tableau ce qu'ils ont travaillé la fois précédente. Un autre élève peut venir, en silence, modifier, corriger ou compléter. (cette activité génère beaucoup de concentration).

• « Prouver » que l'on maîtrise ce qui a été travaillé.

4.3. Composer des phrases simples, de façon guidée

- L'enseignant fournit les mots d'une phrase en désordre et l'élève écrit la phrase *(annexe 18)*.
- L'enseignant fournit une sélection de mots et l'élève écrit autant de phrases que possible *(annexe 19)*.
  Faire ces activités sur une feuille, individuellement ou en petit groupe.

• Composer sa propre phrase à partir d'éléments fournis.

4.4. Écrire pour communiquer après un travail oral.

- Écrire des phrases pour présenter un animal.

Ex. *It's big. It's got a long tail. It can run. It lives in Africa.*
Échanger les feuilles, le lecteur doit reconnaître l'animal décrit.

- Écrire des phrases pour montrer que l'on sait 'lire' une grille.

Ex. *Ten people in my class like cats. / Mary likes cats and rabbits.*

• Communiquer en s'appuyant sur le travail oral préalable.

4.5. Écrire pour créer.

- Présenter les résultats d'une enquête sur poster.

Ex. À côté d'une grille, on peut préciser : *Mary and John don't like dogs.*

• Communiquer à l'ensemble de la classe ou à d'autres personnes qui viendraient dans la salle.

- Préparer un document de référence.

Ex. Poster : *Our Animal Alphabet.*

• Participer à une œuvre collective.

- Écrire le texte d'une bande dessinée (3 à 4 images) qui peut être proposée par l'enseignant ou dessinée par les élèves.
- Écrire un album, seul ou en groupe *(annexe 20)*.

• Utiliser l'ensemble des structures apprises.
• Créer un objet 'permanent'.

AUTO-ÉVALUATION

1. Compréhension orale

Je suis capable de :

- comprendre quelqu'un :
  - qui me parle des animaux qu'il aime/possède/connaît,
  - qui me décrit un animal et me donne des renseignements à son sujet ;
- réagir par rapport à un renseignement qui est faux (selon mes connaissances préalables).

2. Production orale

Je suis capable de :

- nommer, à voix haute et avec la prononciation correcte, un certain nombre d'animaux ;
- parler pour participer à un dialogue, au sujet des animaux, avec une personne qui me parle clairement.

C'est à dire :

a) poser des questions, me faire comprendre et comprendre la réponse à ces questions du type :
  - Have you got a dog?
  - Do you like dogs?
  - What colour?
  - Can it fly?

b) comprendre des questions et y répondre de manière intelligible soit
  - avec un mot (red / dogs / a dog/ etc.) ;
  - avec une réponse courte commençant par Yes ou No ;
  - avec une phrase courte mais complète.

3. Compréhension écrite

Je suis capable de :

- lire en silence et comprendre un texte court ou bien une série de phrases simples ;
- agir si le texte me le demande ;
- réagir par rapport à un renseignement faux (selon mes connaissances).

4. Production écrite

Je suis capable de :

- écrire sans fautes d'orthographe les noms d'un certain nombre d'animaux ;
- écrire correctement des phrases simples au sujet d'animaux en employant *have got, be, like, can (run)*.

1. ÉCOUTER • compréhension orale

1.1. Distribuer une fiche sur laquelle figureront des mots (dans l'exemple, il y en a 18)

- Expliquer, en français, que les élèves vont entendre un exemple, puis 10 autres mots qu'ils devront :
  a. entourer ;
  b. classer de 1 à 10.
  Deux écoutes sont proposées soit une par activité.

elephant crocodile hamster
hippo antenna like
Antarctica kangaroo feather
scary zoo frog
farm ostrich caterpillar
stable insect Australia

1.2. L'élève entoure, dans chaque paire, le mot qu'il entend

Dog - duck Cat - rat Trunk - tusk Fin - thin Caterpillar - gorilla

1.3. Distribuer la fiche avec les dessins et inviter les élèves à bien regarder avant d'écouter

- Faire deux écoutes. Pendant la 2e écoute, les élèves numérotent les images dans l'ordre de la dictée.

trunk	horns	mane	fins	sleep	eat	big ears	small ears	a long tail	a short tail

- Dans les cases, dessins en désordre des éléments dictés

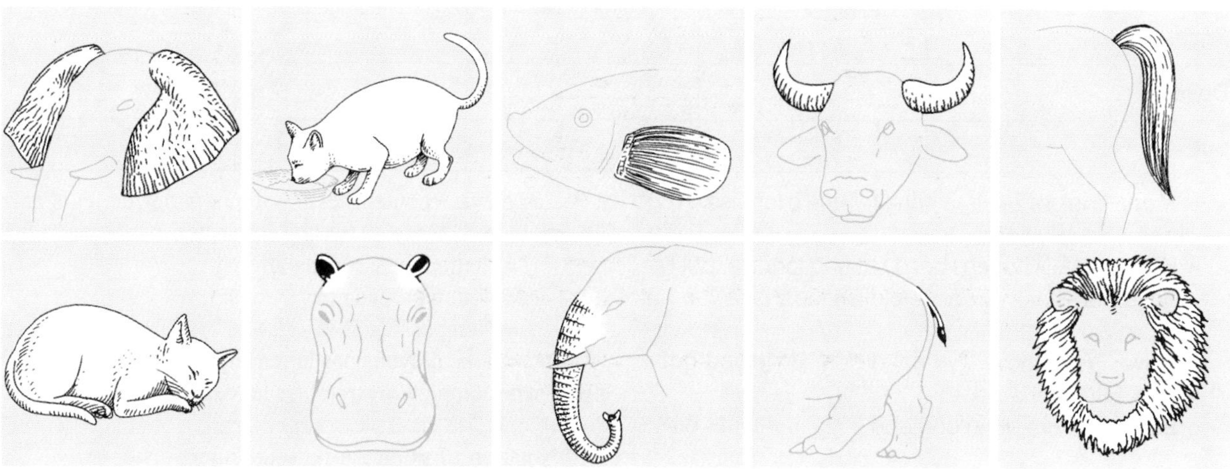

ÉVALUATION

1.4. Vrai / Faux

- Peut être fait sur feuille blanche
- Faire préparer la feuille avant l'écoute.
- Selon le nombre de phrases prévues, on numérote les lignes.
- Après l'écoute de chaque phrase, l'élève note soit *R (right)* ou *W (wrong)* soit *Y (yes)* ou *N (no)*.
- Faire écouter chaque phrase 2 fois (dictée de l'enseignant).

An elephant is a very big animal ....

Birds have got four legs ....

A bear has got four legs ....

Crocodiles are green ....

Lions aren't dangerous animals ....

Cats are green ....

Penguins live in the desert ....

Dogs can't fly ....

An ostrich is a bird ....

Caterpillars like ice-cream ....

- Même activité mais les élèves répondent à des questions par *Y (yes)* ou *N (no)*.
- Faire écouter chaque phrase 2 fois (dictée de l'enseignant)

Has a canary got feathers? ....

Has a fish got a tail? ....

Is a sheep a farm animal? ....

Do hamsters eat chocolate? ....

Has a duck got four wings? ....

Has a canary got blue feathers? ....

Can a fish swim? ....

Can you see monkeys on a farm? ....

Has a caterpillar got four legs? ....

Do you eat grass? ....

NB Pour ces deux activités, on peut aussi utiliser, comme point de départ, un album travaillé en classe.

1.5. Dictée d'images

- Let's draw an imaginary animal.

  In the middle of the page, draw a big rectangle. This is the body. On the right, draw a short neck and a small rectangle… this is the head. Now, draw two long ears. It's got big brown eyes. It's got a trunk but no tusks. It's got one long horn.

  This animal can fly, so draw 2 blue wings on its back. Its tail is short, but its legs are long and thin. Colour it pink and purple

1.6. Grille d'enquête + dictée

	cat	dog	hamster	tortoise	goldfish
Mary					
Kevin					
Dave					
Sue					

a **Mary**: "I've got 2 cats, a hamster and a tortoise. What about you Kevin?"
b **Kevin**: "Well, I haven't got a cat or a tortoise, but I've got a hamster. I've got 4 goldfish too. Have you got a pet, Dave?"
c **Dave**: "Yes, I have. I've got a dog. Have you got a dog, Sue?"
d **Sue**: "Yes, I 've got a dog and a cat, but that's all."

- Les élèves écoutent les 4 enfants parler de leurs animaux puis renseignent la grille
  - √= l'enfant possède cet animal
  - X= il n'en possède pas
  - 2 = il en possède 2
  - ? = nous n'avons pas le renseignement

NB. On ne complètera pas toutes les cases mais uniquement ce que l'on entend
Notation : 1 point par renseignement juste

2. PARLER • expression orale

NB. Pour évaluer chaque élève de façon satisfaisante, ces exercices sont enregistrés sur magnétophone. Par la suite, l'enseignant écoute les enregistrements et complète une fiche diagnostique pour chaque élève. (C'est long à faire, bien sûr…)

2.1. Nommer l'animal représenté

- Préparer une fiche d'images (utiliser, par exemple, les annexes 1, 2 et 3)
  L'élève dit les mots dans l'ordre.

2.2. Lire à haute voix

- Préparer une fiche de mots écrits ou de phrases écrites (phrases effectivement travaillées en classe).
- L'élève lit les mots ou les phrases dans l'ordre

Ex. I've got a cat
Have you got a dog?
Do you like frogs?
Kangaroos can jump
They showed me an elephant

NB. Décider d'avance si l'élève doit lire au fur et à mesure qu'il découvre les phrases, ou s'il a la possibilité d'effectuer une lecture silencieuse préalable.

2.3. Décrire une image

- Préparer une image simple mais polysémique.
- Chaque élève commente l'image à sa façon.
  Dire à l'élève de penser à : *I can see..., there is..., have got..., be...*, etc.)
  Décider d'avance, et annoncer, le nombre de phrases différentes à atteindre.

2.4. Parler de ses animaux ou de ceux des autres

- L'élève prépare à l'avance. Puis il se présente et parle, sans notes, des animaux qu'il aime, qu'il possède ou pas.

2.5. Répondre à des questions

- L'élève écoute des questions posées par l'enseignant et donne sa réponse durant la pause ménagée entre deux questions.
- Ces questions sont de 2 types :
  a de connaissances générales :
    Ex.1 *What colour is an elephant?*
    Accepter la réponse *Grey* mais primer *It's grey.*
    Ex.2 *Can a dog fly?*
    Accepter la réponse *No* mais primer *No, it can't.*
  b personnelles:
    Ex: "Do you like cats?"

NB. Dans ce cas, on peut choisir de travailler sur des connaissances générales pour l'élève, ou bien de lui fournir à l'avance les éléments… mais c'est plus compliqué.

- Variante
  L'enseignant pose des questions à l'élève qui répond directement. Enregistrer la conversation.

3. LIRE • compréhension écrite

3.1. Relier mots et images

- Préparer une fiche avec des images *(voir annexes 1, 2, 3...)* et des mots écrits. Mettre davantage de mots que d'images. Les élèves doivent relier mots et images.

3.2. Relier et compléter

- Préparer une fiche avec des images et des phrases simples. Mettre davantage de phrases que d'images.
  Les élèves doivent relier chaque phrase à l'image qui correspond, puis compléter l'image.

Ex.1 She's got two yellow cats.
La fiche étant en noir et blanc, l'élève colorie les chats en jaunes.

Ex.2 I can see a dog with a long tail.
L'élève ajoute une longue queue au chien.

3.3. Associer chaque animal à la phrase qui parle de lui

- Proposer une fiche avec une liste de noms d'animaux (par ordre alphabétique) ainsi qu'une liste de phrases. Les élèves complètent la grille.

1. cat	
2.duck	
3.elephant	
4.fish	
5.frog	
6.hen	
7.kangaroo	
8.lion	
9.rabbit	
10.snake	

A. It's got a trunk
B. It eats mice
C. It's got four legs and a long tail
D. It's got four legs and a very short tail
E. It's green and it can jump
F. It's brown and it can jump
G. It's a bird. It lives on a farm and it can swim
H. It's a bird. It lives on a farm but it can't swim
I. It hasn't got any legs and it lives in water
J. It hasn't got any legs and it doesn't live in water

- Même exercice mais proposer les phrases sans suggérer les réponses.
  Les élèves écrivent leurs réponses à la fin des phrases

3.4. Vrai / Faux

- Fiche avec l'image d'un animal (ou seulement le nom) assortie de phrases déclaratives dont certaines sont fausses.
  L'élève lit les phrases et écrit R (right) ou W (wrong) à la fin de chaque phrase.

Ex. A giraffe
A. this animal is black and white ....
B. It has got four legs ....
C. It's very fat ....
D. Its tail is very long ....
E. I can see it at the zoo ....
F. It lives in Africa ....
G. It has a long neck ....
H. It's got tusks ....
I. It can't fly ....
J. It likes chocolates ....

- Même exercice mais les phrases sont basées sur le contenu d'un album traité en classe

3.5. Fiche avec 8 phrases exactes au sujet d'un animal

- L'élève lit les phrases et propose le nom d'un animal.

Exemple : A. This pet is an animal and it lives in the house.
B. A lot of pupils in this class have got one.
C. It is black, or white, or grey, or brown… but it is not purple.
D. Its eyes are green or yellow.
E. It's got a long tail, short ears and long whiskers.
F. It can run very fast and it can climb up a tree.
G. It likes milk.
H. It doesn't like dogs.

4. ÉCRIRE • production écrite

4.1. Légender un dessin

(Préparer une fiche avec les images)

- de dix animaux (utiliser annexes 1, 2, 3…).
Les élèves écrivent les noms correspondants.

- d'un éléphant, d'un poisson, d'un oiseau et d'un lion puis flécher les parties du corps que les élèves doivent libeller.
Les réponses sont pour : L'éléphant : tusk, trunk, tail
Le poisson : fin, scales
L'oiseau : claw, beak, wings, feathers
Le lion : whiskers, mane

NB. On peut utiliser l'image d'un animal 'composite'.

4.2. Classer des animaux dans des catégories

(Exercice à faire sur feuille blanche)

- L'enseignant définit, en anglais, une catégorie d'animaux (Animals from Australia, big animals,…).
Les élèves écrivent, en temps limité, quatre exemples d'animaux appartenant à cette catégorie.

NB. Expliquer la démarche en français (la première fois que l'on s'en sert).
Donner 1 ou 2 exemples (voir ci-dessus)
Faire préparer les feuilles des élèves (numéroter 1 ligne sur 2)
Prévoir 5 catégories environ.
Exemples : les catégories sur les fiches *(annexes 1, 2 et 3)*
- brown animals, black animals, etc.
- big, small, dangerous, etc.
- animals from Europe, from Africa, etc.
- animals that: like…, eat…, can fly…, etc.

(Cet exercice peut aussi servir en production orale individuelle)

4.3. Construction de phrases à partir de mots isolés fournis (verbes conjugués)

- Mots présentés en colonnes
Exemple :

I	Like	Big	Cats
You	Likes	Fat	Dogs
He	Don't like	Brown	Elephants
She	Doesn't like	Yellow	Hamburgers
		Etc.	Tennis

- Mots présentés en varc (préciser qu'un mot peut servir plusieurs fois).

a	and	or	three	two
cat	cats	he	I	grey
dog	dogs	big	hasn't	blue
has	she	got	have	does

Dans les deux cas, donner un temps limité et demander un nombre défini de phrases (5 phrases en 15 minutes max.).

4.4. Grille d'enquête

- À partir d'une grille d'enquête déjà complétée et fournie, les élèves écrivent des phrases affirmatives et négatives en utilisant les renseignements donnés.

	Cat	**Dog**	**Hamster**	**Tortoise**	**Goldfish**
Mary	3	0			
Kevin		1	2		
Dave	0	0	1	1	
Sue	0	0	0	0	0

Exemple de production attendue : Mary has got 3 cats. She hasn't got a dog.

4.5. Décrire un animal

- À partir d'une image d'animal, les élèves écrivent des phrases pour donner des renseignements à son sujet.
  L'enseignant choisira l'animal en fonction du travail effectivement accompli en classe. Il dira aux élèves de penser à utiliser *be, have, like, can* + verbe et de faire des phrases négatives.

ANNEXE 1

Dessins d'animaux nécessaires pour acquérir un vocabulaire spécifique : *trunk, tusk, feathers, wings, whiskers, tail…*

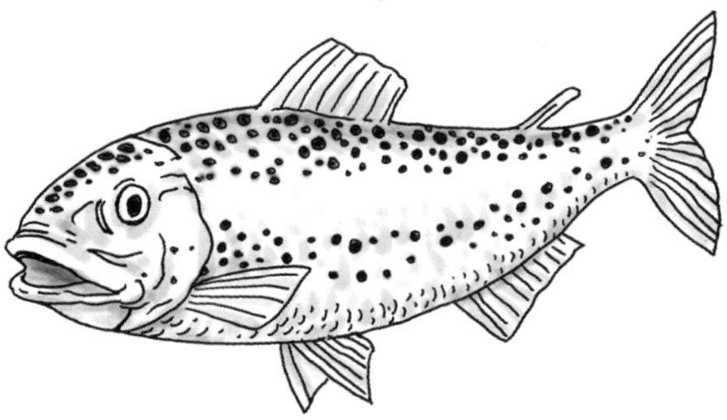

ANNEXE 2

Grille d'animaux 1

	a	b	c	d
1				
2	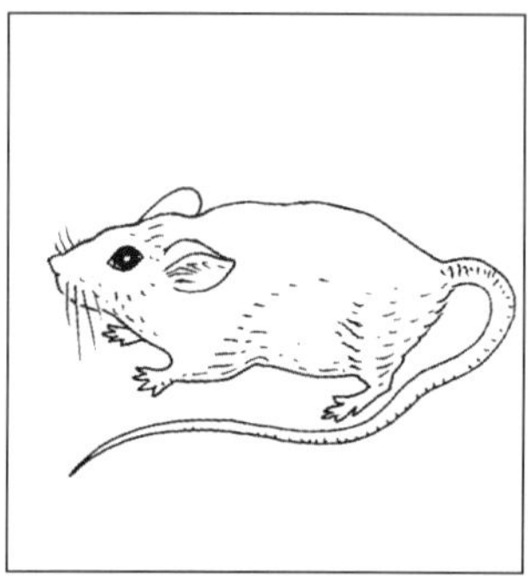			
3	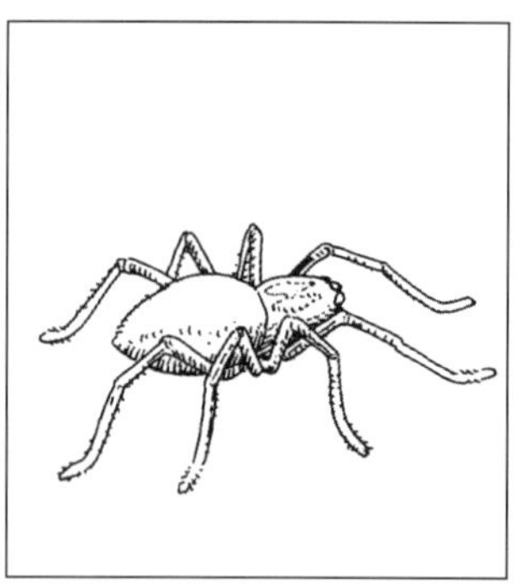			
4			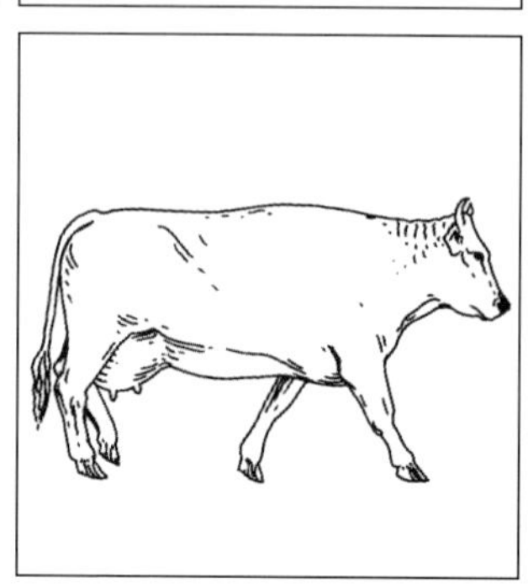	
5		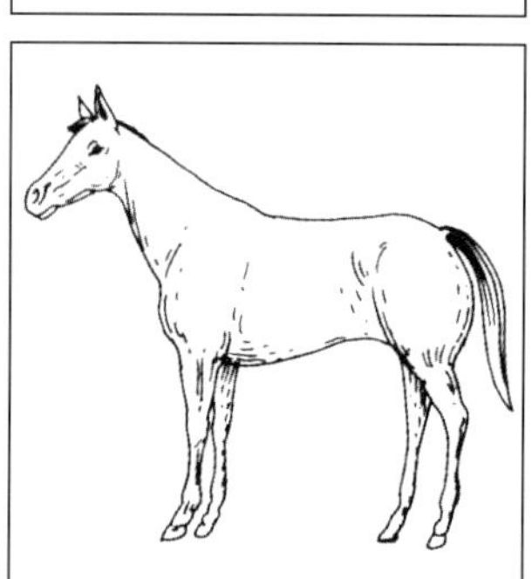	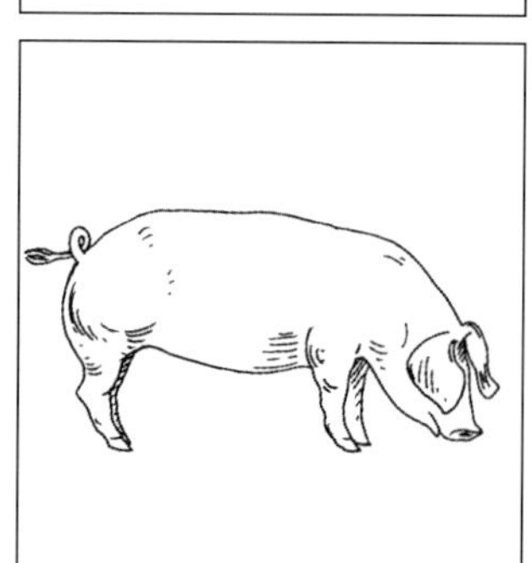	

ANNEXE 3

Grille d'animaux 2

	a	b	c	d
1				
2				
3				
4		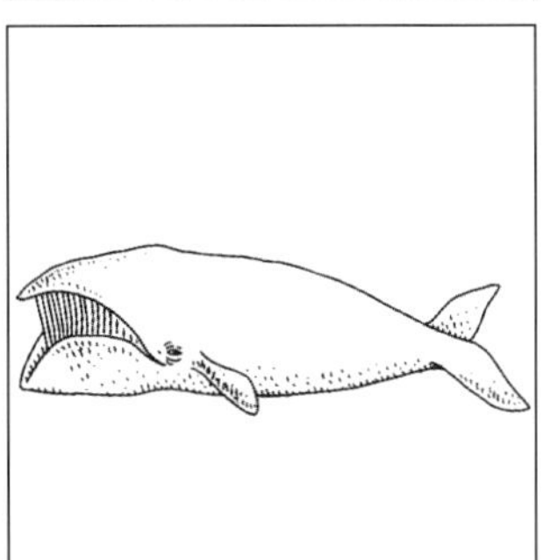	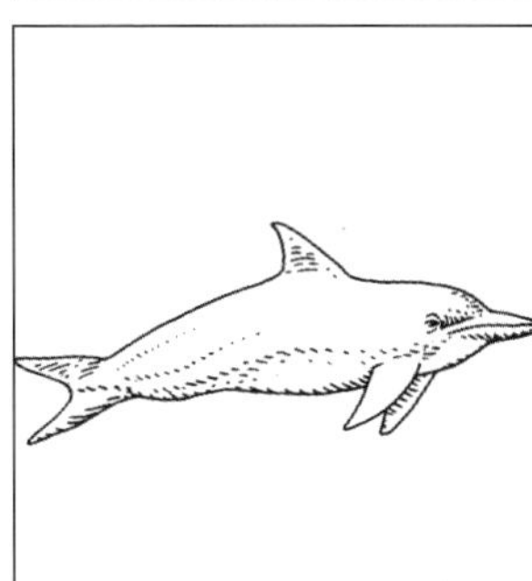	
5	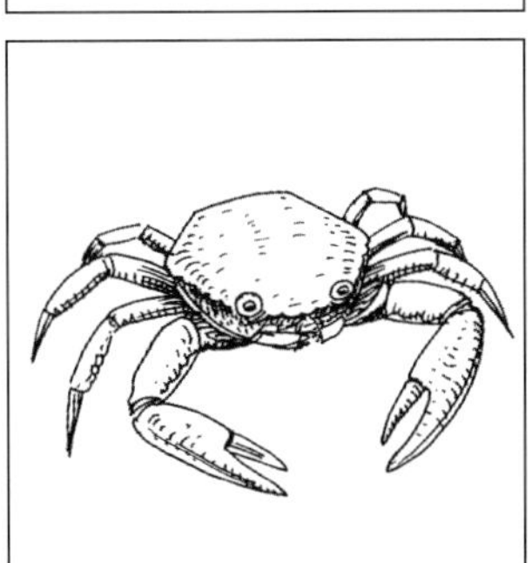	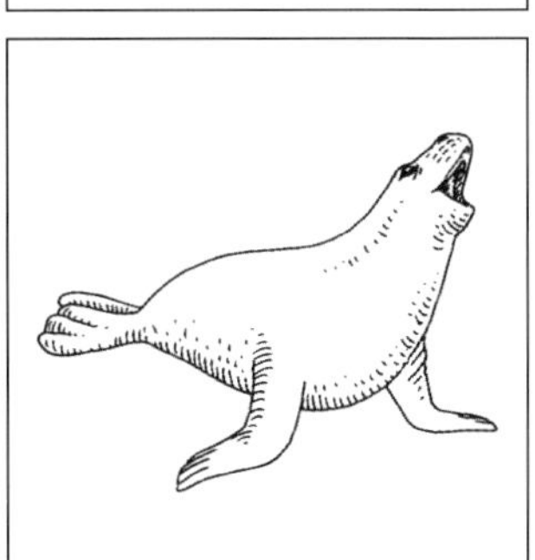		

ANNEXE 4

ÉCOUTER pour reconnaître

Document pour l'enseignant

Show me the rabbit.
Can you show me the rabbit, please?
Can you see the rabbit, Kate?
Where is the rabbit?
Pick up the rabbit!
Point to the rabbit!
Put it on the board/on the flannel-board / on John's head / next to Max!

ANNEXE 5

An elephant has got 4 legs.
A crocodile's got 4 legs.
A kangaroo's got 4 legs.
A canary's got 4 legs.
My dog's got 6 legs.
An elephant's got a trunk, tusks and horns.
Cats are pet animals.
Tigers are pet animals.
Hamsters are farm animals.
My cat's pink.
A lion's got a trunk.
A zebra is black and white.

ANNEXE 6

ÉCOUTER pour reconnaître

This is a picture of some cats. There are 3 cats. I can see two big cats and one little cat. The little cat has got a short tail. The two big cats have got long tails.

ANNEXE 7

Dictée d'images

Ex.1 Donner une feuille avec une table déjà dessinée.
Faire écouter l'ensemble une fois en continu, puis donner les phrases séparées pour que l'élève dessine ce qu'il entend.

I can see Jack's cat. It's sitting on the table. It's a very fat cat. It's orange, but its face and tummy are white. It's got big green eyes and long black whiskers.

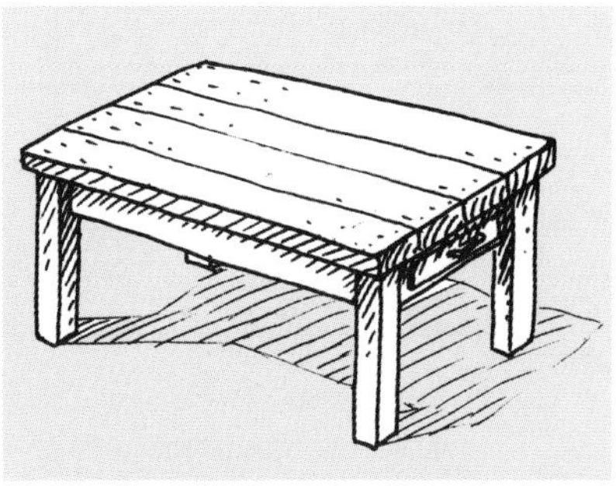

Ex.2 Montrer au tableau la forme du corps d'un animal que les élèves reproduisent avant la dictée.

This is a very strange animal. On the left, draw a long neck and a big head. It's got short ears and two big horns. They're yellow. Its nose is red. Draw eight long black whiskers. On the right, draw a long thin tail. It's got short thin legs and big feet. Colour the animal blue, except for the feet. Colour the feet purple.

ANNEXE 8

Donner le plan de la ferme

- Expliquer, avant une première utilisation :
  - que **H** *(house)* est la maison des fermiers (Mr and Mrs Jones)
  - qu'il y a 3 champs *(field)* et 3 bâtiments (**A** = *a pigsty*, **B** = *a henhouse*, **C** = *a barn*)
- Faire colorier la mare en bleu

In the first field, there are 20 cows. 12 are brown and 8 are black and white. Mr Jones has got 40 sheep. They are in the 3rd field. One sheep is black. The 3 grey horses are in the 2nd field and I can see a black dog too. C is a barn. In the barn, there are 2 tractors and 3 cats. Next to the barn is the hen-house with 18 hens. Next to the hen-house is the pigsty with a big pink pig. I can see 16 ducks on the pond.

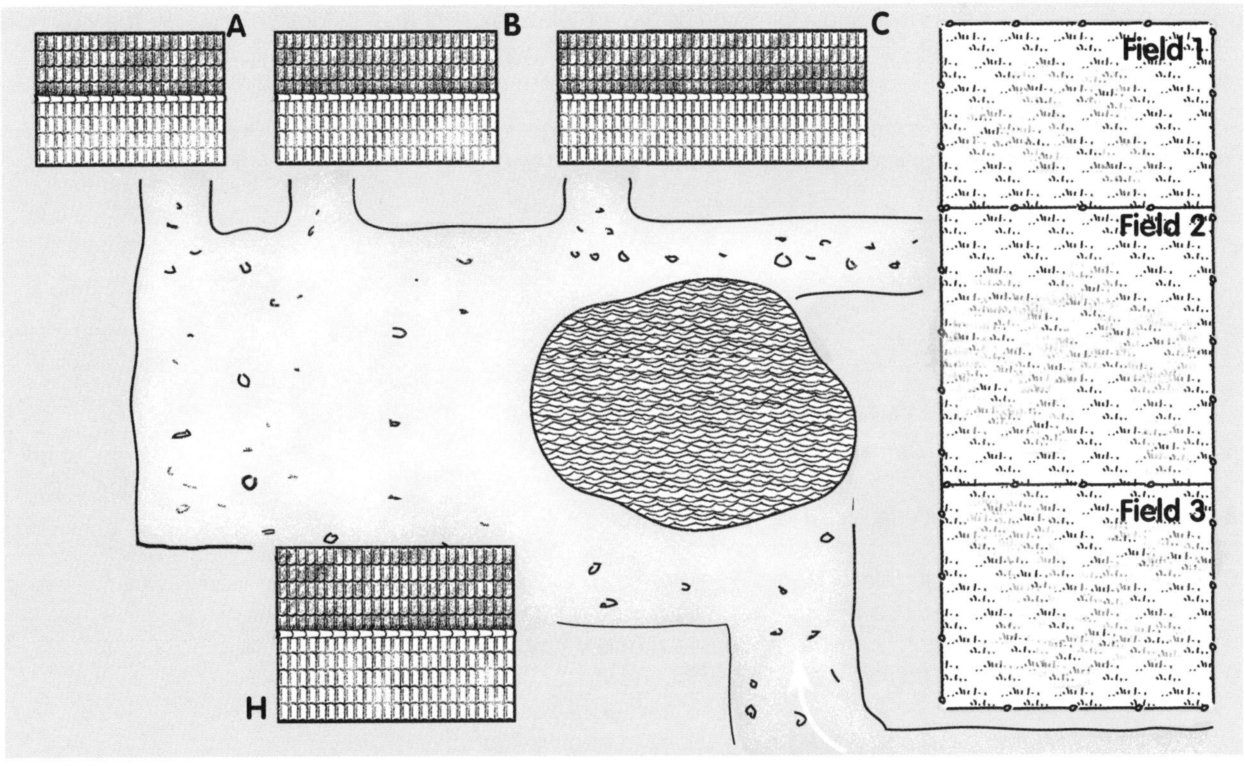

Plan de la ferme

(NB. Les élèves utiliseront leurs cartes d'animaux plus leurs cartes de couleurs, le nombre sera chaque fois inscrit à côté de l'image représentant l'animal ou l'objet)

ANNEXES

ANNEXE 9

Avec verbe "like"

		cat	dog	mouse	spider	fly	rabbit
Pupils in the class	Pupil 1						
	Pupil 2						
	Pupil 3						
	Etc.						

Avec "have got"

- L'élève mentionnera le nom des élèves questionnés

	cat	dog	rabbit	tortoise	goldfish
Pupil 1					
Pupil 2					
Pupil 3					
Pupil 4					

ANNEXE 10

ÉCOUTER pour manifester sa compréhension

a This is a pet animal. It's got 4 legs and a tail. It can be brown, white, black or grey. It's got fur. It can't fly, but it can run very fast. It eats meat. It sleeps in a basket in a house, or in a kennel in the garden. It likes playing ball and going for walks. It says "woof-woof!".

b This is a wild animal. It lives in Africa. It's beige or yellow and it's got four legs and a long tail. It can run very, very fast. It's got big teeth and it eats animals, for example antelopes. It's very dangerous. It doesn't eat grass or bananas.

ANNEXE 11

Our animal alphabet

(composé avec l'aide d'une classe… qui a lu plusieurs albums centrés sur les animaux)

A for alligator - anaconda - ant - antelope
B for bear - bird - bat - butterfly - beetle - budgie
C for cat - cow - chicken - caterpillar - crocodile - camel - crab - chimpanzee - canary
D for duck - dog - dinosaur - donkey - dolphin - deer
E for elephant - eagle
F for fish - frog - flamingo - fox - fly
G for gorilla - giraffe - goldfish - goat - guinea-pig - goose
H for horse - hippopotamus - hamster
I for iguana - insect
J for jaguar - jellyfish
K for kangaroo - koala
L for lion - leopard - ladybird
M for mouse - monkey - mosquito
N for narwhal - newt
O for owl - ostrich - octopus
P for pig - pony - penguin - parrot - python - panda
Q for quail
R for rabbit - rat - rhinoceros
S for snake - snail - sheep - shark - seal - sea-lion - spider - squirrel
T for tortoise
V for vulture - viper - vixen
W for whale - worm - wallaby - wasp - walrus
Y for yak
Z for zebra

ANNEXE 12

hippo		rhino		gorilla		chimpanzee	
	fish		goldfish		tiger		spider
wings		fins		jungle		stable	
	right		like		favourite		beautiful
ladybird		scale		whale		camel	

hippo / goldfish / fins / scale / favourite / tiger / jungle / camel / chimpanzee

ANNEXE 13

I	she	elephants	like	don't
I	you	elephants	like	do
I	too	crocodiles	like	do
.	yes	hamsters	likes	.
.	.		,	?

- Ce qui permettra de composer :
  I like elephants. She likes elephants too.
  I don't like crocodiles
  Do you like hamsters? Yes, I do.

ANNEXE 14

Grille

	cat	**dog**	**mouse** (mice)	**spider**	**fly** (flies)	**rabbit**
Brian						
Adam						
Kate						
Shirley						

(NB. √ √= very much ; √= like(s) ; ╳= doesn't like)

- Brian likes cats and dogs. He doesn't like flies.
- Adam likes cats very much, but he doesn't like dogs. He likes rabbits, too.
- Kate doesn't like animals at all.
- Shirley doesn't like mice, spiders or flies. She likes dogs very much.

ANNEXE 15

a	on Wednesday they went to the farm
b	on Monday morning Kate went to Jill's house
c	on Monday afternoon Kate and Jill went to the zoo
d	she saw Jill's new little cat
e	they saw some elephants too
f	they saw the hens and the ducks
g	they saw the chimpanzees
h	"she's a beautiful cat" said Kate
i	Jill gave them some bananas

NB.Une autre base pourrait être un ensemble de phrases tirées d'une histoire effectivement étudiée en classe

ANNEXE 16

+ texte : This is a picture of my dog. He's very big. He's got long ears but a very short tail.
À ajouter par l'élève: *he's black, but his feet and his ears are white. He's got a blue collar round his neck.*

ANNEXE 17

James has got 4 pets: a cat, a fish, a canary and a rabbit

a The .... is orange and it can swim.

b The .... is yellow and it can ....

c The .... has got long ears and a .... tail.

d The .... is black and white and has got a long ....

ANNEXE 18

a Africa / and / come / Elephants / from / India
(Elephants come from India and Africa)

b cat / basket / bedroom / in / in / My / my / sleeps / red / a / little
(My cat sleeps in a red little basket in my bedroom)

c Mary / a / and / parrot / it / in / cage / lives / and / yellow/ blue / 's got
(Mary 's got a blue and yellow parrot. It lives in a cage)

ANNEXE 19

Ex.1 Disposition aléatoire

Dogs	Cats	Fish	Birds	dangerous
Can	Can't	Like	Don't	black
Fly	Run	Swim	I	.
Big	And	But	Animals	?

Ex.2 Catégories grammaticales regroupées par colonne

I	has got		black	dog
You	hasn't got	a	little	elephant
He	haven't got	an	pink	cat
She	have got		purple	
			orange	
			big	

Les mots peuvent servir une ou plusieurs fois mais il n'est pas obligatoire de tous les utiliser.

ANNEXE 20

- Faire préparer une bande de papier pliée en quatre de façon à constituer un petit livre de huit pages
  On peut faire plus long mais ce format permet de mettre 7 ou 8 phrases simples - chaque phrase ou demi-phrase sur une page.

Exemple 1:

My pet animal / is a cat. / She's grey / she's got yellow eyes / and a long tail. / Her name is Pussy / she likes milk and fish / she sleeps in a basket.

Exemple 2:

Eddie / is a very big / elephant. / He's got 2 big tusks / and a long trunk. / He lives in Africa. / He likes grass and leaves. / He likes to play in the water.

LEXIQUE

Animals

PET **A**NIMALS	**os**trich	fin	Aus**tra**lia
budgie	Rhi**no**ceros/**rhi**no	fur	the An**ta**rctic
ca**na**ry	snake	hoof(ves)	**Eu**rope
cat	**ti**ger	horn	
dog	**wa**llaby	mane	ADJECTIVES
goldfish		scales	**beau**tiful/**ho**rrid
hamster	IN THE COUNTRYSIDE	tail	big/small
guinea-pig	bat	trunk	**dan**gerous, fierce
mouse	bird	tusk	**fa**vourite
rabbit	**bu**tterfly	**whis**kers	left/right
tortoise	**ca**terpillar	wing	long/short
	bee		**lo**vely
ON THE FARM	**bee**tle	FOOD	nice
chicken	deer	fruit	fast/slow
hen	fox	grass	**sca**ry
cock	frog	leaf(ves)	thin/fat
chick	**la**dybird	**in**sect	
cow	**spi**der	meat	PREPOSITIONS
duck	**squi**rrel	milk	in
goat	worm	**wa**ter	on
horse			near
pig	IN THE SEA	PLACES	**nex**t to
sheep	crab	farm	**un**der
	fish	**fo**rest	in the **mid**dle of
AT THE ZOO	**dol**phin	**jun**gle	on the **left**/**right**
bear	**pen**guin	sea	
crocodile	seal	zoo	VERBS
chimpan**zee**	**sea-li**on	**bas**ket	drink
camel	whale	cage	eat
elephant		**cow**shed	fly
gi**ra**ffe	SPECIFIC PARTS	**pig**sty	like
go**ri**lla	OF THE BODY	**sta**ble	live
hippo**po**tamus/**hi**ppo	an**te**nna(e)		run
kanga**roo**	beak	**CON**TINENTS	sleep
lion	claw	**A**frica	swim
monkey	**fea**ther	**A**sia	walk

NB. Certains mots sont déjà connus [BASICS ou connaissances personnelles). Beaucoup sont proches du français.
Travail intéressant sur prononciation/accentuation, d'autant plus qu'il y a un certain nombre de mots longs.

At home — Topic 7

Cette unité a pour objectif l'acquisition d'un lexique relatif au lieu de vie et à la vie quotidienne de chacun. L'élève apprendra à décrire sa maison, à situer les différentes pièces et le mobilier ainsi qu'à parler de son quotidien. Il apprendra également à demander aux autres où ils habitent, à décrire leur univers quotidien et ce qu'ils font.

At home

LANGUE

Lexique :

– La maison et le jardin
– Pièces et mobilier
– Activités domestiques

Éléments langagiers :

Prépositions de lieu
Présent simple (3 formes : affirmative, négative et interrogative)
Where
Have got (3 formes : affirmative, négative et interrogative)
There is / are (3 formes : affirmative, négative et interrogative)
Only one
There aren't any chairs

Phonologie :

L'accent de mot.
L'accent de phrase.

CULTURE

L'habitat

TICE

Correspondance (e-pals)

ART PLASTIQUES

Maquette de maison type
Création de flashcards

MATHÉMATIQUES

Dépouillement chiffré d'une enquête
Rapports et proportions

Topic 7 At home

CONTENUS

LANGUE

Fonctions	*Exemples*	*Éléments langagiers*	*Phonologie*
Dire ce qu'il y a	*There are 3 bedrooms* *There is a garage* *There is only one bathroom*	*There is / are* *Only*	prononciation de *the* /ð/ contraction *there's/'re*
Demander s'il y a et répondre	*Is there a TV?*	*Is / are there?*	Diphtongue /ɛɚ/ dans *there*
Demander où se trouve Situer dans l'espace	*Where is the sink?* *In the bathroom* *On my bed*	*Where?* prép. de lieu	Diphtongue /ɛɚ/ réalisation de *up*
Dire ce que l'on a chez soi	*We've got*	*I / we've got* (rebrassage)	
Demander combien de… il y a	*How many bedrooms are there in your house?*	*How many*	Intonation descendante
Demander si quelqu'un possède…	*Have you got?* *Has he got?*	*Have you / has (s)he*	
Dire à qui appartient	*It's Adam's computer*	génitif	réalisation du /s/ (génitif)
Dire où l'on habite Demander où habite quelqu'un	*I live in a house/flat* *Do you live in a house?*	Présent simple *Do you…*	
Dire ce que l'on fait habituellement	*I get up/get washed*	Présent simple	réalisation du /s/ (présent)

CULTURE

L'habitat et le mode de vie familial dans les pays anglo-saxons.

TRANSDISCIPLINARITÉ

ARTS PLASTIQUES

Réalisation d'une maison type avec les différentes pièces et le mobilier.
Réalisation de flashcards utilisables en classe.

TICE

Mise en place d'une correspondance avec des enfants étrangers.
Échange de documents et photos.

MATHS

Exploitation d'une enquête.
Manipulation des proportions et pourcentages.

1. ÉCOUTER • compréhension orale

1.1. Écouter pour repérer

(Video - We're Kids in Britain)

- L'enseignant ne demande pas aux élèves d'écouter les voix tout de suite. Il procède à un 1er visionnement (sans le son) en demandant aux élèves de bien observer ce qui se passe à l'écran. Selon leurs acquis, certains élèves tenteront des constats en anglais.

Ex. *I can see a cat. The girl has got a cat.*

L'objectif, cependant, étant de découvrir l'habitat et la famille en Grande-Bretagne, l'enseignant accueillera leurs questions et commentaires en français. Il peut, le cas échéant, apporter un complément de documentation

• Apprendre à repérer le thème
• Aborder l'habitat d'une culture différente (compétence culturelle)

- 2e visionnement

Avant cette 2e projection, avec le son, l'enseignant pose, en anglais, quelques questions telles que :

– *How many people?* (les élèves ne font que compter les personnages qui passent à l'écran)
– *Who? (mother, father, brother, sister, pets)*
– *What's the girl/boy's name?*
– *What's the cat/dog's name?*

En plus de ce qu'ils voient, les élèves repèrent des éléments bien précis du discours. A la fin de ce 2e passage, l'enseignant repose les questions. (Si besoin est, on peut reprendre la cassette en faisant des pauses aux endroits nécessaires)

• Respecter une consigne
• Repérer des éléments
• Rebrasser des notions connues

- 3e visionnement

En préalable, l'enseignant explique ses attentes.
Les élèves lèvent le doigt lorsqu'ils entendent le nom d'une pièce (certains anticiperont le mot à venir grâce à l'image). L'enseignant rappelle le terme *classroom* pour expliciter le mot *room.*

NB. Il s'agit bien d'essayer de repérer des mots inconnus *(voir* **LEXIQUE***)* en situation.

• Repérer un lexique nouveau en situation

1.2. Écouter pour acquérir du vocabulaire nouveau

Utiliser les illustrations :
– *annexe 1* pièces de la maison ;
– *annexe 2* meubles et appareils ménagers ;
– *annexe 3* accessoires et jouets.

La plupart des illustrations peuvent être également confectionnées au cours d'activités manuelles ou artistiques en cherchant à créer des illustrations les plus claires possible avec un trait fin pour permettre le coloriage

• Les élèves ne prononcent pas de mots à cette étape.

À l'aide d'images, de *flashcards (voir Glossaire)* ou du tableau de feutre *(voir Méthodologie - utilisation de l'image)*, l'enseignant introduit très progressivement le vocabulaire. Cette activité doit plutôt se limiter à un seul champ lexical à la fois (les différents endroits de la maison, le mobilier, les objets de la maison, les jouets, les verbes d'action liés aux activités quotidiennes ou ménagères).
Les élèves disposent des images du vocabulaire à étudier qu'ils montrent au fur et à mesure qu'ils entendent les mots. Les verbes d'action *(vocabulaire annexe 4)* sont mimés.

1.3. Écouter pour chanter

(*Mulberry Bush, annexe 4*, réf. CE sans Frontières, Unité 8, module 3 +)

- Variante : le texte traditionnel peut être augmenté d'actions nouvelles et la partie *on a cold and frosty morning* peut être remplacée par l'heure ou la période à laquelle les actions nouvelles se déroulent quotidiennement.

Ex. *This is the way I have a shower at seven in the morning*
This is the way I eat breakfast after taking my shower
This is the way I brush my hair before going to school
This is the way I go to school at half past eight every day
This is the way I go back home at half past four every day
This is the way I do the gardening on a bright and sunny Sunday
This is the way I go to bed after watching television

- *Jouer avec la langue*
- *Exercer la créativité de l'élève*
- *Développer le sens du rythme*

1.4. Écouter pour obéir à des instructions

- Dans ces activités, on utilise les prépositions de lieu acquises précédemment *(on, under, in, between)* auxquelles s'ajoutent de nouvelles *(next to, near, in front of, behind, at the bottom, at the top)*.

a. *Simon says... (voir Méthodologie - Basic games)* pour réagir aux verbes d'action.

b. La Tour *(annexe 5 +)*

- Avant de commencer l'activité, chaque élève a devant lui un jeu d'images dont seule une partie sera utilisée. L'enseignant doit s'assurer que tous les mots qui seront prononcés sont connus. Chaque élève construit une tour de meubles en plaçant ses cartes (une de chaque, ce qui justifie l'emploi de 'the') sur la table ou sur une feuille blanche en suivant les instructions données par l'enseignant ou enregistrées sur le CD.

Ex. *Put the table at the bottom*
Put the chair on the table
Put the lamp under the chair
Put the bed on the chair
Put the sofa between the bed and the chair, etc.

- Au dos du tableau, l'enseignant (ou un élève) peut monter la tour en même temps et dévoiler sa construction à la fin de l'exercice pour que les élèves comparent avec leurs propres tours.
Ce jeu peut également faire l'objet d'une correction collective *(voir* PARLER*)*.

c. Les pièces de la maison *(annexes 6 +)*
Chaque élève doit retrouver le nom de la pièce correspondant à chaque numéro en fonction des indications données. À la fin, il doit pouvoir dire par exemple : *n°5 is the kitchen.*
Prolongement *(voir* PARLER *2.4)*.

1.5. Écouter pour reconnaître *(annexe 7 +)*

- Les élèves regardent 3 dessins de chambre et entendent 3 personnages qui décrivent leurs chambres respectives. Ils doivent restituer les chambres à leurs propriétaires. Deux enregistrements sont proposés, l'un avec *have got*, l'autre avec *there is/are* plus une reconnaissance passive du génitif (exemple : *Jenny's bedroom*)

1.6. Écouter et montrer que l'on a compris

- Chaque élève réalise un dessin ou une image de chambre. L'enseignant interpelle les élèves qui doivent réagir sur les caractéristiques de leurs chambres.

Ex. *What about the colour? Put up your hand if your bedroom is red!*
If you've got a chair, point to the chair!
Pendant cette activité l'enseignant circule dans les rangs.

- *Anticiper la prise de parole.*

2. PARLER • expression orale

2.1. Parler pour répéter

a. Répétition directe : l'enseignant désigne un objet (ou mime un verbe) et redonne le modèle de prononciation que les élèves répètent.
b. Répétition après une première mémorisation : dans une étape suivante l'enseignant se contente de montrer l'objet ou mimer le verbe et les élèves donnent le mot.
NB. Activité à reprendre en *pair-work* pour multiplier le nombre de fois où l'élève aura l'occasion de dire chaque élément.

• *Prendre en compte tous les aspects de la prononciation*

2.2. Parler pour nommer

- L'enseignant ou un élève montre une image et demande : *What's this?*
  S'en tenir au singulier qui appelle une réponse du type : *It's a...*
- Cette activité peut être organisée par equipe. Un point est attribué à chaque bonne réponse, l'équipe qui a le plus de points à la fin du jeu a gagné. Selon le niveau, les critères de validation iront du mot reconnaissable à l' exactitude de la prononciation.

2.3. Parler pour jouer

- **Le mot**

a. les élèves et l'enseignant s'installent de préférence en cercle. L'enseignant ou un élève donne un mot qui appartient à une catégorie lexicale. Chaque élève répète, à son tour, la liste des mots déjà énoncés et en rajoute un jusqu'à ce que la chaîne casse.
L'élève qui n'arrive pas à reprendre les mots dans l'ordre ou à en ajouter un est éliminé *(Out).*
Les premières fois que l'on joue, l'enseignant peut aider chaque élève à retrouver les mots déjà cités en désignant, les uns après les autres, les élèves qui ont donné des mots. Ce jeu doit être conduit avec rapidité.
Ex. A. *kitchen*
B. *kitchen, bedroom*
C. *kitchen, bedroom, garden, etc.*

b. Jeu de Kim *(voir* Méthodologie - Basic games*)*

• *Réviser le vocabulaire.*
• *Améliorer l'attention.*

- **La phrase**

Adaptation du jeu *I went to market (voir* Méthodologie - Basic games *: Words chains).*
a. les verbes d'action:
L'expression qui sert d'amorce est : *Every day I wake up at 7 and (ou 'and then')...*
Il est recommandé d'aligner les activités dans l'ordre chronologique (pour favoriser la mémorisation), d'y associer une heure (plausible ou pas) et d'exiger le geste accompagnant tout verbe.
b. le vocabulaire de la maison
L'expression qui sert d'amorce est : *In my bedroom/ living-room I've got...*

• *Réactiver le vocabulaire dans une phrase*
• *Associer le sensori-moteur à la parole*
• *Acquérir le sens du rythme*
• *Acquérir le schéma intonatif montant*
• *Sensibiliser à l'utilisation du présent simple*
• *Repérer les difficultés de chacun de ses élèves*

c. *Chinese whispers*
L'enseignant chuchote une phrase simple (exemple : *I've got six chairs in my kitchen / There is a computer in the living-room*) à l'oreille d'un élève qui le chuchote à son voisin et ainsi de suite jusqu'au 6e ou 7e qui doit finalement répéter cette phrase à voix haute. L'enseignant donne alors la version originale avec laquelle les élèves peuvent comparer leurs énoncés.
Il vaut mieux écarter les élèves les uns des autres et se limiter à un groupe de 7 maximum. L'activité peut fonctionner avec plusieurs groupes à la fois.

• *Exercer la prononciation à voix basse.*
• *Apprendre à segmenter une phrase pour se faire comprendre.*

2.4. Parler pour décrire

- *We're Kids in Britain* (support vidéo)
  L'enseignant demande : *Is there a kitchen in Jenny's house?*, en étant attentif à inclure des pièces qui n'apparaissent pas dans la vidéo (classroom, garage).
  Les élèves répondent : *Yes, there is / No, there isn't* et peuvent développer avec *I can see...* ou indiquer la couleur : *It's* + couleur.
  L'enseignant donne un modèle linguistique : *In my house there is...* et l'élève reprend la structure à son compte : *in my house, there is...*, pour revenir à *In Jenny's house...*

• Se remémorer ce qui a été vu ou entendu.
• Reconnaître la question : "is / are there?".
• Acquérir la maîtrise de la réponse brève.
• S'approprier la structure there is/ are à la forme affirmative et négative.

- La Tour
  Le jeu de la tour proposé dans ECOUTER *(1.4)* sert de point de départ à une prise de parole organisée. Les élèves donnent les instructions à tour de rôle pour monter la tour (chacun monte sa tour). Une fois la tour achevée, les élèves, toujours à tour de rôle, décrivent la tour en commençant:
  – soit du haut : *The chair is at the top, the lamp is under the chair, etc.* jusqu'au bas de la tour.
  – soit du bas : *The chair is at the bottom, the bed is on the chair, etc.* jusqu'en haut de la tour.
  1re variante : une fois la tour montée, l'enseignant peut demander où se trouvent les objets placés.
  Ex. question : *Where is the sofa?* Réponse : *between the bed and the chair.*
  2e variante : Les élèves ayant monté la tour (au tableau avec des aimants), ils doivent la décrire en situant chacun un objet (exemple : *the sofa is between the bed and the chair*).
  La correction est interactive dans la mesure ou une formulation juste sera appréciée en anglais par la formule *(that's right)* tandis qu'une formulation erronée pourra être corrigée par les élèves qui interviennent avec des énoncés plus ou moins complexes selon le niveau (ex : *that's wrong because the chair isn't under the table, it's* ***on*** *the table* en accentuant les deux prépositions contraires)

• S'entraîner à localiser.
• Apprendre à écouter pour évaluer.
• Apprendre à justifier un avis.
• Sensibiliser à l'accent de phrase.

- La maison *(*ECOUTER *1.4.c)*
  Les élèves peuvent décrire la maison meublée.
  Selon le niveau, l'exploitation du plan garni peut être plus complexe et donner lieu à des questions ou des phrases déclaratives élaborées du type :
  – *Where's the? How many... are there?*
  – *Is there a...? Yes, there is. / No, there isn't.*
  – *In room n°2, there is a bed, so it's a bedroom.*

- Pairwork
  Chaque élève, en possession d'un jeu d'images de mobilier *(annexes 2 et 3)*, place ses images sur un plan de maison réalisé en activités manuelles (vue de dessus comme en annexe 6 mais vide), puis décrit la maison qu'il a réalisée.
  A titre d'exemple, quelques élèves présentent leur maison **à la classe entière.** Les élèves comparent la description du plan faite par l'un des leurs avec le plan lui-même. Après ce travail collectif, les élèves procèdent par paires. L'un décrit le plan de sa maison, tandis que l'autre reproduit le modèle décrit. A la fin de l'exercice, les deux élèves comparent le plan de départ et celui d'arrivée et négocient, le cas échéant, les modifications. Dans cette activité, la formulation comme l'interprétation peuvent être erronées.

• Développer la prise de parole en continu.
• Mettre l'élève en situation d'auditeur-évaluateur.

- Groupwork
  – mise en œuvre avec 2 ou plusieurs équipes
  – un élève observe un plan de maison meublée proposé par l'enseignant et caché au reste de la classe. Il informe ses camarades de ce qu'il voit ou a vu (selon le

niveau) et le reste de l'équipe reconstitue le plan à partir des informations rapportées. Les membres de l'équipe sont autorisés à poser des questions.
L'équipe gagnante est celle qui a terminé la première ou posé le moins de questions.

• Utiliser la langue en situation de communication.

2.5. Parler pour comparer (annexe 8)

- Cette activité se déroule sur le principe du jeu des 7 erreurs. Les élèves comparent les deux dessins.

Ex. *There's a clock in the kitchen in house A, but there isn't a clock in house B.*

• S'approprier there is / are (formes affirmative et négative).
• Apprendre à formuler ses observations.

2.6. Parler pour participer à une enquête

- Class survey *(voir Glossaire + annexe 9)*

a) Distribuer un questionnaire A (lieu de vie) ou B (la chambre) aux élèves. La moitié de la classe aura donc un questionnaire A et l'autre moitié un questionnaire B.
Procédure : Chaque élève interroge 2 de ses camarades.
Les réponses peuvent parfaitement être inventées mais doivent rester cohérentes.

b) Remplissage du questionnaire
Excepté les rubriques 1 et 2 du questionnaire A (flat/house) relevant de la question *Do you live in a house or in a flat?*, les autres relèvent de questions commençant par :
– A3 *Is there a playground?*
– A4 *Is there a garden?* suivie de *How many trees are there?*
– A5 *Is there a balcony?* (réservée plutôt à ceux qui vivent dans un appartement)
– B1 La colonne 1 du questionnaire B sera renseignée par la question *Have you got your (own) bedroom?*. Si la réponse est négative, la question *Who is with you?* permettra d'inscrire le nom du deuxième occupant.)
– B2 *Are there posters in your bedroom?* suivie de *How many are there?*
L'élève inscrira donc un chiffre (0 inclus)
– B3/4/5 *Is there a computer / a desk / a radio in your bedroom?* ou *Have you got…?*

c) Exploitation des réponses :
Dans une première étape, chaque élève peut lire sa grille et éventuellement la commenter en employant *but* :

Ex. *Lisa lives in a flat but Samuel lives in a house.*
Dans une deuxième étape, chaque élève peut rapporter ses informations sur une grille réalisée par l'enseignant et incluant tous les élèves.
La synthèse des informations recueillies peut conduire à des conclusions du type :
– *12 pupils out of 26 live in a house = 46% of the pupils/children in the class live in a house* ;
– *10 pupils out of 26 have got their bedroom = 38% have got their (own) bedroom.*

• S'entraîner à parler dans une situation de communication tout à fait autonome
• Utiliser la langue pour effectuer une véritable recherche
• Coordonner des énoncés
• Développer la notion de travail collectif
• Susciter des activités transdisciplinaires

3. LIRE • compréhension écrite

3.1. Lire pour associer un nom à une image

- Au-dessous de flashcards fixées au tableau ou collées dans leurs cahiers, les élèves doivent associer un nom inscrit sur une vignette.

3.2. Lire pour associer le début et la fin d'un mot puis le recopier

(annexe 10)

- La grille comporte 3 colonnes. A gauche il y a la première partie d'un mot, et à droite la deuxième partie. Il s'agit d'associer les parties correspondantes dans la colonne du milieu pour former un mot.

3.3. Lire pour dessiner *(annexe 11: 2 exemples)*

- L'élève lit la description proposée et traduit sa compréhension par le dessin

• *Consolider le langage oral.*

3.4. Lire pour discriminer ("Chassez l'intrus" ou "The Odd Man Out")

- L'enseignant inscrit deux, trois ou quatre mots au tableau. Les élèves les lisent et doivent repérer l'intrus.

Ex. *Kitchen, rug, living-room, bathroom*
Get up, go to bed, wash, bench
Bedroom, armchair, bed, table

• *Entraîner l'élève à repérer et classer.*

3.5. Lire pour reconstituer des mots ou des phrases

- Lettres en désordre
  Sur le tableau, l'enseignant écrit un mot du vocabulaire appris, cn mélangeant les lettres. L'élève doit reconstituer le mot.

• *Sensibiliser à la graphie.*

- Mots en désordre
  Même exercice que le précédent à partir de phrases formulées au cours de l'apprentissage.

• *Sensibiliser à la syntaxe.*

4. ÉCRIRE • expression écrite

4.1. Écrire des mots

- Dessiner un plan de maison et le légender (recopier le nom des pièces).
- Recopier le nom d'un objet sous le dessin correspondant.

4.2. Écrire pour classer

- Recopier le vocabulaire dans les colonnes correspondant aux différentes pièces de la maison.

4.3. Écrire pour décrire

- Dessiner une maison ou une pièce de la maison, la meubler et la décrire.

• *Consolider le langage oral.*
• *Mettre en évidence les progrès dans l'apprentissage de la langue.*

4.4. Écrire pour comparer

- En prolongement de l'activité *(2.5)*, les élèves rédigent les différences entre 2 maisons *(annexe 8: 2 plans différents)*.

4.5. Écrire pour rendre compte

- À partir du questionnaire *(2.6)*, l'élève peut faire, par écrit, la synthèse des informations recueillies.

4.6. Écrire pour correspondre

- Dans un projet de correspondance classe à classe par internet, les élèves peuvent décrire leur maison ou appartement et s'informer du mode de vie de leurs correspondants. Toutes les exploitations sont possibles dans la mesure où les élèves communiquent de façon authentique et sans qu'il soit nécessaire de correspondre avec des anglophones.

1. ÉCOUTER • compréhension orale

1.1. Écouter 12 mots

- Ils correspondent à l'une des 4 catégories mentionnées dans la grille. Noter leur numéro dans la catégorie correspondante.

furniture				rooms				objects				toys			

1. living-room - 2. computer - 3. teddy bear - 4. armchair - 5. bedroom - 6. table - 7. bathroom - 8. doll - 9. bed - 10. lamp - 11. kitchen - 12. cupboard

1.2. Regarder le dessin

- Écouter 5 phrases. Faire une croix dans la case *(right)* si elles sont justes ou dans la case *(wrong)* si elles sont fausses.

A. It's a flat ....

B. The bedrooms are downstairs ....

C. The toilet is upstairs ....

D. There is a lamp in the living-room ....

E. There are two trees in the garden ....

	Right	Wrong
A		
B		
C		
D		
E		

2. PARLER • production orale

2.1. Mieux connaître la maison ou l'appartement du professeur

- Poser 4 questions pour :
  – savoir s'il habite une maison ou un appartement
  question attendue : *Do you live in a flat or a house?*
  – connaître le nombre de chambres ou le nombre d'arbres dans le jardin
  question attendue : *How many bedrooms (trees) are there ?*
  – savoir s'il y a un lave-vaisselle dans la cuisine
  question attendue : *Is there a dishwasher in the kitchen?*
  – savoir s'il a un ordinateur
  question attendue : *Have you got a computer?*

2.2. Observer la tour d'images pendant une minute

- Faire 5 phrases (différentes si possible) pour indiquer la place de chacune des images.
  L'enseignant sélectionne 5 images qu'il empile devant les élèves au tableau (aimants). Les images sont choisies en fonction des capacités des élèves à connaître et à prononcer les noms correspondants.
  Cet exercice est plus une production guidée d'énoncés visant à évaluer l'aptitude d'un élève à localiser un objet dans une suite qu'une révision de vocabulaire.

Ex. *a bathroom + an armchair + a swing + a kite + a kitchen*

Énoncés attendus :
– *The bathroom is at the bottom.*
– *The armchair is between the bathroom and the swing.*
– *The kite is under the kitchen.*
– *The swing is on the armchair.*
– *The kitchen is at the top.*

2.3. Dire où l'élève habite

- Demander à l'élève de décrire ou d'imaginer sa maison et sa chambre (6 phrases en tout).
  Cette activité dépend de la capacité des élèves à prendre la parole de façon autonome.

3. LIRE • compréhension écrite

3.1. Observer 10 images ou gestes

- Noter leur numéro sous le mot qui correspond (montrer les images ou faire les gestes correspondant aux mots et expressions notés sur la grille sans oublier d'indiquer clairement, en anglais, le numéro de passage.)

A washing machine	Go to bed	Watch TV	A bedroom	A kitchen
Have a shower	**A cupboard**	**Wake up**	**A rug**	**A swing**

3.2. Lire le texte suivant et dessiner la maison

- Les élèves doivent dessiner, à leur place, les éléments et leur nombre.

In Sally's house, there are three bedrooms. The bedrooms and the toilet are upstairs. The kitchen and the living room are downstairs. There are four trees in the garden.

4. ÉCRIRE • production écrite

4.1. Remettre les lettres dans l'ordre

M	O	B	E	R	D	O	(bedroom)
T	H	E	N	I	C	K	(kitchen)

4.2. Remettre les lettres dans l'ordre

Attention, il y en a une en trop, barre-la.

M	O	S	H	E	U	(house)

4.3. Remettre les mots dans l'ordre

GARDEN	THERE	THE	IS	IN	TREE	A

(there is a tree in the garden)

4.4. Décrire la chambre que l'élève voit au tableau

(visible de tous les élèves qui doivent rédiger des productions identiques)

- L'enseignant dessine une chambre avec un lit, une table de nuit, un petit tapis, une table ou bureau avec deux chaises et une lampe. On peut ajouter un jouet sur ou sous le lit. La complexité du dessin dépend du niveau des élèves et des talents de l'enseignant.

ANNEXE 1

Les pièces de la maison / the rooms of the house

ANNEXE 2

Le mobilier (furniture) et appareils ménagers (domestic equipment)

ANNEXE 3

Accessoires et jouets / Useful objects and toys

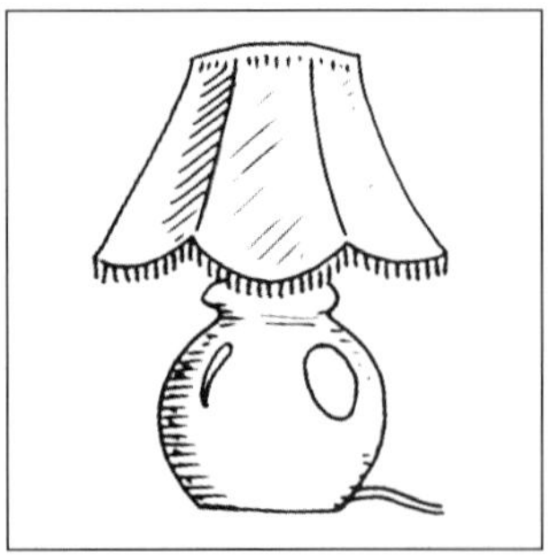
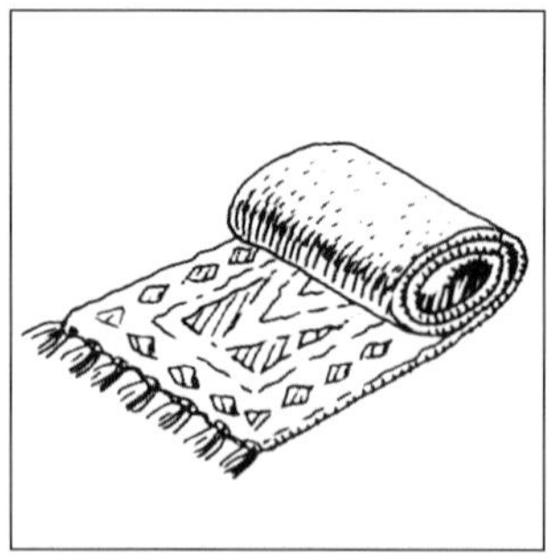

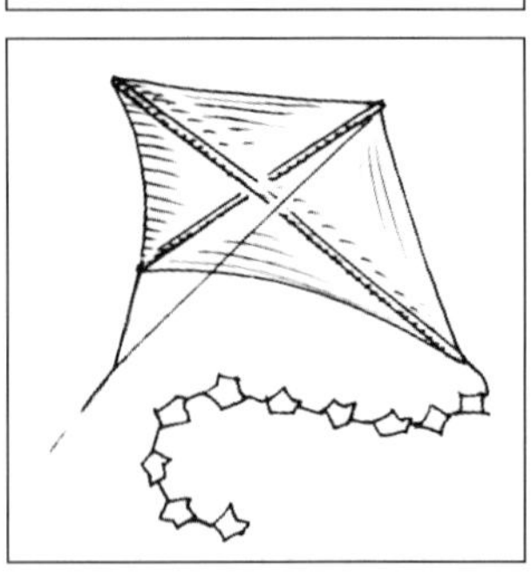

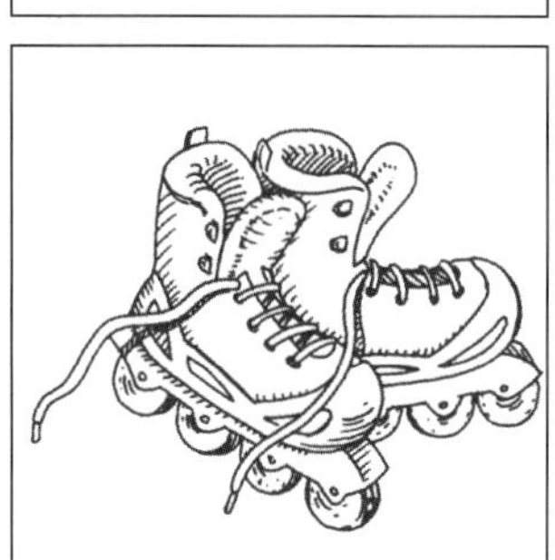

ANNEXE 4

Mulberry Bush

• Chanson traditionnelle sur les activités quotidiennes

Here we go round the mulberry bush, the mulberry bush, the mulberry bush,
Here we go round the mulberry bush on a cold and frosty morning
This is the way we wash our hands, wash our hands, wash our hands
This is the way we wash our hands on a cold and frosty morning
This is the way we clean our teeth, clean our teeth, clean our teeth
This is the way we clean our teeth on a cold and frosty morning
This is the way we brush our hair, brush our hair, brush our hair
This is the way we brush our hair on a cold and frosty morning
This is the way we go to school, go to school, go to school
This is the way we go to school on a cold and frosty morning

ANNEXE 5

ÉCOUTER pour obéir à des instructions

1 Exercice simple:
Put the fridge at the bottom.
Put the chair on the fridge
Put the bed on the chair
Put the lamp at the top

2. Exercice plus difficile
Put the rug at the bottom
Put the table on the rug
Put the lamp on the table
Now, put the fridge under the lamp

• Ce qui donne, en partant du bas : rug, table, fridge, lamp.

NB. Les exemples proposés aboutissent à un résultat très étrange. Si les élèves devaient être gênés par cet empilement hétéroclite, l'enseignant peut revenir à une tour d'objets réellement empilables.

ANNEXE 6

Plan de dessus

• Script CD (faire une légère pause après chaque phrase)

In my house there's a sofa in room n°4
There's one big bed in room n°2
There are 8 chairs in room n°1
There are 2 beds in room n°3
There's a fridge in room n°5
There are 3 posters in room n°3
There's a coffee table near the sofa in room n°4
There's a computer in room n°3
There's a big table in room n°1
There's a bath in room n°6
There's a small table in room n°5
There's a TV set in room n°4
There's an armchair in room n°2
There are 4 chairs in room n°5
There are a small table and a chair in room n°2
There are shelves in room n°4
There's a rug under the table in room n°1
There are cupboards in room n°4 and in room n°5

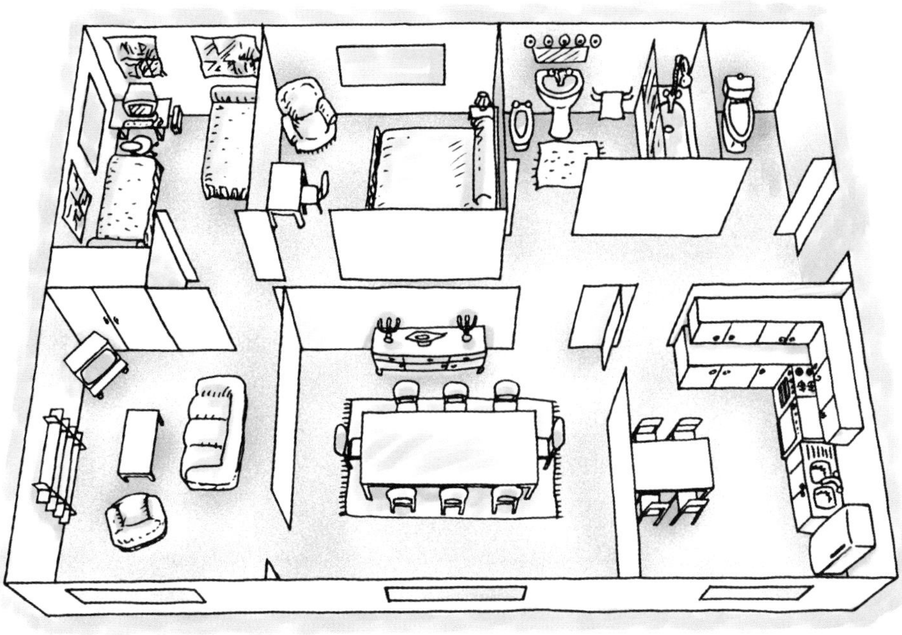

ANNEXE 7

3 dessins de chambres

- 1re version

In her bedroom, Jenny has got one table. She's got a bedside table, too. She's got a lamp on her bedside table. She's got two chairs and three posters on the walls.
Teddy has got one table. There is a rug on the floor. He's got a lamp on his bedside table and three posters on the walls.
Sarah has got a lamp on her bedside table and four posters on the walls.
Which room is Jenny's?
Which room is Sarah's?
Which room is Teddy's?

- 2^e^ version

In Teddy's room, there are three posters, two lamps and a rug.
In Sarah's room, there are two chairs, one bed and one lamp on her bedside table. There is no lamp on her table but there are four posters on her walls.
In Jenny's room, there are two chairs and one table but there is no rug.
Which room is Jenny's?
Which room is Sarah's?
Which room is Teddy's?

ANNEXE 8

2 maisons quasi identiques à 7 détails près…

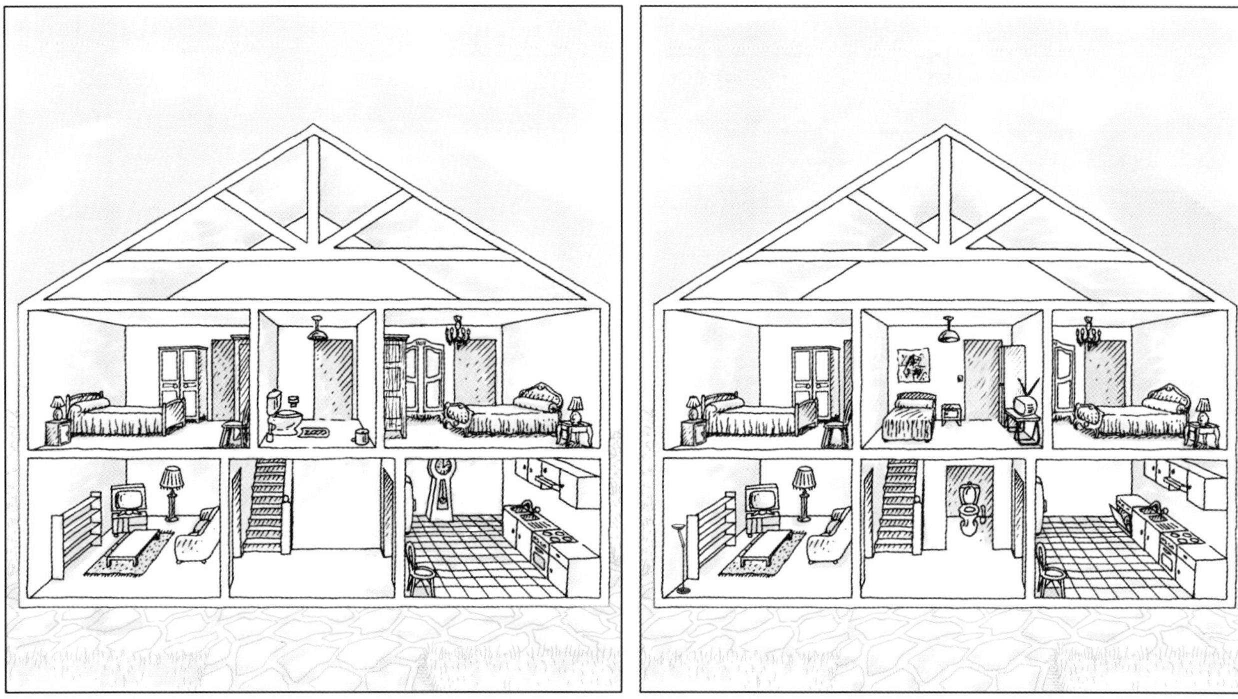

ANNEXE 9

Parler pour participer à une enquête

A					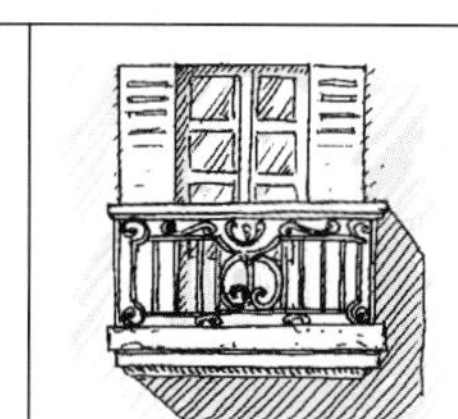
Name					
Name					

B					
Name					
Name					

ANNEXE 10

ARM (1)	(1) ARMCHAIR	ROOM
BED		PUTER
COM		DEN
CUP		CHEN
GAR		CHAIR (1)
KIT		BOARD
WASH		BASIN

ANNEXE 11

- 1re description

  Jason has got a big house with three bedrooms upstairs, a kitchen, a living-room and the toilet downstairs.
  In the living-room, there are four armchairs and a sofa. There is a lamp but there isn't a coffee table.
  In the kitchen there is a washing machine but there isn't a dishwasher.

- 2e description

  In Sally's bedroom, there is a small bed with a bedside-table. On the bedside-table, there is a red lamp. There is a table with a yellow lamp. There are two posters on the walls. On the bed, there is a doll.

At home

FURNITURE	HOUSE & **GAR**DEN	VERBS
a**larm**-clock	**at**tic	brush
armchair	**bal**cony	do the **coo**king
bath	**bath**room	do the **gar**den
bed	bench	do the **hoo**vering
bedside table	**di**ning-room	get dressed
bookshelf	door	get up
carpet	flat	go home
chair	**flo**wer	go to bed
chest of **dra**wers	**ga**rage	go to school
coffee table	gate	have a bath / **show**er
cupboard	grass	have **break**fast
dishwasher	lift	have tea
fridge	**kit**chen	help
microwave **o**ven	**li**ving-room	lay (the table)
rug	lounge	live
Shelf (shelves)	plant	make (the bed)
sofa	porch	say good-bye
table	shower	**ti**dy (the room)
tap	**stu**dy	wake up
wardrobe	swing	wash
washbasin	**toi**let	watch TV
washing mach**ine**	tree	
	upstairs / **down**stairs	ADVERBS PREPOSITIONS
TOYS		**on**ly one
ball	**U**SEFUL OBJECTS	at the **bot**tom
doll	bin	at the top
kite	com**pu**ter	be**hind**
racket	**pos**ter	bet**ween**
rollerskates	**ra**dio	in
skateboard	**ste**reo	in **front** of
teddy bear	**te**lephone	near
toy **a**nimals	TV set	next to
toy cars	vase	on
walkman		**un**der

1- GESTION DE LA CLASSE

• Installer un climat propice au travail de langue

- Une atmosphère de confiance.
- Être attentif à développer les compétences essentielles à l'apprenant en langue : la prise de risque, la confiance en soi et le désir de communiquer.

• Être attentif au traitement de l'erreur

- Bien différencier :
  - **les moments d'entraînement** où l'enseignant travaille sur l'exactitude, la phonologie, où il corrige avec exigence (sans trop s'acharner) et où il utilise systématiquement la reprise en chœur pour redonner le modèle ;
  - **les moments d'expression, de communication** où l'enseignant est attentif à ne pas bloquer la parole, à encourager la prise de risque et à favoriser les échanges.

• Placer l'élève au centre de l'apprentissage

- Lui donner les moyens de participer activement à son propre apprentissage : **APPRENDRE A APPRENDRE :**
  - présenter des objectifs clairs et identifiables par les élèves ;
  - faire réfléchir les élèves sur leur apprentissage (faire le point sur la séquence précédente, s'auto-évaluer, ...) ;
  - donner des outils de réflexion sur la langue pour raisonner, comparer, découvrir des règles de fonctionnement (en dehors des phases de communication en langue) ;
  - donner des méthodes de travail : cahier, stratégies de mémorisation, ... ;
  - entraîner à l'autoévaluation : discuter de ce qui est facile/difficile ; travailler à deux pour s'interroger ; pratiquer des tests de temps en temps.

2- LES COMPÉTENCES EN CLASSE DE LANGUE

• Écoute

Installer de bonnes conditions d'écoute

- Fournir des indices : gestuelle, intonation, mimique, mime.
- Ne pas exiger une compréhension totale : habituer les élèves à ne pas tout comprendre tout de suite.
- Utiliser l'anglais pour mener sa séquence.
- Donner des stratégies d'écoute reposant sur des tâches bien définies.
- Utiliser des supports visuels : images, tableaux à compléter, éléments à dessiner, colorier, remettre en ordre.
- Travailler par déduction en s'appuyant sur des indices.
- Travailler par anticipation : prédire la suite d'une histoire par exemple.
- Écouter pour améliorer la phonologie (prononciation, accentuation, rythme, intonation).

Varier les situations

- Écouter pour repérer certains éléments d'un discours.
- Écouter l'autre pour communiquer.
- Écouter pour agir.
- Écouter pour dessiner.
- Écouter pour deviner.
- Écouter pour étiqueter.
- Écouter pour mettre en ordre.
- Écouter pour classer...

• Expression orale/communication

Utiliser deux situations d'apprentissage différentes

- ***Direct learning*** : situation où l'on pratique un apprentissage systématique comprenant des phases de répétition, d'entraînement de type structural, de communication très guidée.
- ***Indirect learning*** : situation où l'on apprend en faisant, sans avoir conscience d'apprendre. Dans ce type de situation, on communique de façon authentique, à travers des activités porteuses de sens.

Varier les schémas de communication

Maître/élève, élève/classe, maître/classe, élève/élève, groupe/groupe.

De la pratique guidée à la communication

- Parler pour répéter : acquérir du lexique nouveau, de nouvelles structures, reproduire correctement les sons ; utilisation de supports visuels (flashcards) ou sonores (chansons, comptines).
- Parler pour participer : chansons, poèmes, histoires.
- Parler pour mémoriser.
- Parler pour s'entraîner (parole guidée).
- Parler pour jouer.
- Parler pour deviner.
- Parler pour chercher de l'information (en groupe classe ou par deux).

- Parler pour remplir un questionnaire, une enquête.
- Parler pour se mettre en scène dans un jeu de rôle.
- Adapter une histoire pour la scène…

- **Lecture/écriture**

Différer l'introduction de l'écrit

Attendre que lexique et structures soient très bien installés à l'oral, c'est-à-dire après plusieurs séances de manipulation orale.

Lire

- Associer images et mots.
- Remettre en ordre des énoncés connus.
- Relier questions et réponses.
- Fabriquer des phrases avec des mots fournis.
- Lire pour communiquer.
- Remettre des phrases en ordre pour faire du sens.
- Lire des phrases vraies ou fausses.
- Lire pour comprendre une histoire, une BD, un texte…

Écrire

- Copier des mots.
- Copier des textes (poèmes, chansons, etc.).
- Faire des mots croisés.
- Trier des mots par rubrique.
- Écrire une légende pour une image.
- Écrire des bulles pour une B.D.
- Écrire des phrases à partir de mots fournis.
- Écrire des phrases pour décrire une image.
- Répondre à des questions (réponses fournies ou non).
- Écrire pour mémoriser (mots, structures).
- Écrire pour un public (carte, lettre, invitation)…

3- TRAVAIL DE L'ORAL : RÉPÉTITION, INTONATION, RYTHME

- **Répétition**

La répétition est nécessaire pour acquérir une prononciation correcte mais elle peut être lassante, surtout dans une classe chargée.

- Pour une **première acquisition** : maintenir un rythme enlevé et faire répéter : 1- la classe, 2- un groupe d'élèves, 3- deux élèves qui s'écoutent, 4- un élève seul.

NB. Si l'on fait répéter après un enregistrement, éviter d'intercaler sa propre voix.

- **Par équipes** : chacune des 2 équipes, face à face, doit prononcer le mieux possible le même mot ou la même expression. L'enseignant peut faire hausser ou baisser les voix.
- **En cercle** : il s'agit de faire faire le tour du cercle à un mot/une expression en alternant (élève A, élève B).
- ***Chinese whispers*** : l'enseignant dit un mot/une phrase à un élève qui doit le/la répéter à l'oreille de son voisin, jusqu'au dernier élève qui doit le/la dire tout haut.
- ***Backward building*** : en cas de difficulté, faire répéter à partir de la dernière syllabe du mot : roo - garoo - kangaroo, ou le dernier mot d'une phrase. On peut aussi faire d'abord répéter les sons voyelles seuls.
  Taper le schéma accentuel dans les mains ou fermer les yeux pour mieux entendre ; cela aussi peut aider l'élève.

- **Intonation**

- Bien choisir et isoler les phrases (ou autres éléments) sur lesquels le travail doit porter.
- Inviter les élèves à écouter activement (yeux fermés, ou fixant un objet précis).
- Demander d'abord la reproduction de l'intonation, <u>sans</u> la parole : avec la tête, avec une main (déplacement latéral dans le sens de la phrase), avec un mouvement ample des deux mains ou des bras pour aller chercher le point le plus haut et puis descendre rapidement.
- Le schéma peut être fixé par une courbe au tableau, ou matérialisé par des objets à diverses hauteurs.
- Reprendre l'intonation ainsi fixée avec la voix mais toujours sans parole, en vocalisant (on peut dire la la la ou bien bouche fermée).
- Faire répéter enfin les paroles sur ce schéma.

NB. Le point le plus difficile à obtenir est la descente en fin de phrase : ne pas hésiter à utiliser tout le corps si nécessaire (l'élève, debout, doit s'asseoir quand l'intonation descend, …)

- **Rythme / Accentuation**

- Choisir le mot/la phrase sur lequel doit porter le travail.
- Inviter les élèves à écouter attentivement, éventuellement les yeux fermés pour mieux se concentrer.
- Demander aux élèves de reproduire le rythme qu'ils entendent, d'abord de façon discrète (les doigts sur la table, un crayon sur le cahier, …) puis de façon plus appuyée (en tapant dans les mains ou en tapant des pieds, voire avec un instrument à percussion). Il y a des parallèles à faire avec le travail en musique.

NB. Si l'on perçoit trop d'écarts, on peut faire reprendre par des individus, en exercice d'écoute interactive.

- Faire vocaliser sur une syllabe.
- Faire reproduire le mot ou la phrase. Cela peut se faire les yeux fermés, chaque élève levant le doigt pour signaler quand il est prêt à répéter, ce qui évite parfois des gênes mutuelles.

4- UTILISATION DE L'IMAGE

• L'image comme déclencheur de parole

- **L'affiche** de grande taille, affichée pour la durée du cours ou en permanence, est source de découvertes ou de révisions.
- **Les flash-cards** permettent de faire découvrir le sens d'un mot, d'une expression, d'un fait de langue. (un/plusieurs objets permet d'amener la notion de pluriel, par exemple). Vérifier la lisibilité de l'image (isoler la notion importante), sa taille (elle doit être visible de tous) et sa matière (résistante aux manipulations). Il est conseillé de ne rien écrire derrière afin de pouvoir l'utiliser éventuellement en la retournant un bref instant seulement à un moment stratégique - *a flash*, si on le souhaite.
  Dans le cas où les images doivent être affichées, visibles de tous, mais rapidement amovibles pendant une activité, on utilisera pâte adhésive, aimants ou tableau de feutre pour fixer les images.
- **Le tableau de feutre**, en feutrine de couleur sombre, est facilement transportable et se fixe aisément au tableau ou au mur. Il reçoit des figurines de papier floqué qui s'accrochent et peuvent être facilement déplacées d'une main.
  On peut ajouter aux figurines représentant des personnages ou objets, des images-codes :
  [X] pour une négation, [?] pour une question, [Y/n] pour une question fermée, [Wh] pour une question ouverte, [♡] pour I like, des carrés de couleurs différentes pour différentes fonctions (verbe, nom, adjectif, etc.).
  Ces codes doivent rester simples, cependant, si l'on veut qu'ils soient source de clarté et non de confusion.

• Picture dictation (La dictée-image)

- Elle peut prendre plusieurs formes, selon les acquis des élèves et les intentions de l'enseignant. C'est une activité d'écoute active et/ou de compréhension orale. L'enseignant énonce des mots/phrases ou fait entendre des mots/phrases enregistrés et les élèves dessinent ce qu'ils entendent. Prévoir de faire un exemple en commun. La production d'un dessin pertinent implique la compréhension de la totalité d'un message.
- Les éléments à comprendre sont de plusieurs types : adjectifs, noms, prépositions de lieu, verbes d'action, etc.
- Le document de départ peut varier :
  – feuille blanche ;
  – photocopie donnée par l'enseignant avec quelques éléments déjà présents qu'il s'agit de compléter, de colorier, de numéroter ou de modifier, suivant la dictée de l'enseignant (chambre d'enfant à compléter avec divers objets ou meubles, placés à divers endroits).
- Dans tous les cas, l'enseignant prépare les élèves à l'activité : *take out your pencils/felt-pens, rubber,* etc. Pendant la durée de l'activité, l'enseignant observe et encourage les plus hésitants, fait appel à l'entraide entre élèves. (*what colour is your cat, Mary ? Show Max your picture, please, ...*).
- Le travail peut s'arrêter avec la fin de la dictée et l'affichage des images, mais on peut aussi envisager des prolongements, propices à la prise de parole :
  – à la suite de l'affichage des dessins, un/des élèves pose(nt) des questions sur ce qu'il(s) voit/voient ;
  – les élèves commentent les dessins, comparent, s'évaluent ;
  – chaque élève lit sa propre image.

5- LE TRAVAIL DE L'ÉCRIT

• Sentence-building

- Construction de phrases à partir d'éléments donnés, c'est une étape intermédiaire entre reconnaissance de l'écrit et production d'écrit libre.
  Il existe diverses techniques, qui font appel à des étiquettes, sur lesquelles sont inscrits des mots ou groupes de mots.

Ex. *I - 've - got - a - black - cat* ou *I've got - a black cat.*
L'enseignant prépare les étiquettes en fonction des phrases à produire par rapport au travail en cours. S'il veut travailler sur la séquence adj. + nom, il donnera des étiquettes séparées pour ces deux types de mots ; s'il veut travailler sur la forme du verbe selon la personne, il détachera ces étiquettes-là *(- I - 've got - ; - he/she - 's got -)* etc.

- Pour un travail en classe entière, les étiquettes seront de format A4, affichées à la vue de tous ; pour un travail individuel, les élèves pourront manipuler des étiquettes plus petites sur leur table, par deux par exemple.

• Living-sentences

- L'enseignant, et plus tard un élève, dit une phrase (*Is it a cat ?*). Dès qu'un élève a repéré un mot et sa place dans la phrase, il se lève, vient se positionner devant le tableau avec l'étiquette correspondante et ainsi de suite jusqu'à reconstitution de la phrase de départ. Ne pas oublier la ponctuation !
  On peut poursuivre l'activité en changeant à chaque fois un élément de la phrase. On peut également proposer des phrases où il y a des erreurs à corriger, des mots à remettre dans l'ordre.
  Une fois la technique acquise, l'activité se déroule rapidement, par exemple en préparation à une activité de production écrite ou de lecture ou pour vérifier une acquisition avant une activité d'échange entre deux élèves.
- L'investissement corporel permet une meilleure appropriation des structures.

- **Sentences on the board**
  - Les élèves affichent les étiquettes au tableau dans l'ordre voulu puis retournent à leur place. Plusieurs variantes sont possibles :
    – un élève choisit et positionne les mots ;
    – un élève compose sa propre phrase et un autre la lit à voix haute ;
    – des élèves changent à tour de rôle un élément de la phrase pour composer une autre phrase correcte ;
    – après avoir composé une phrase, on retourne les étiquettes, un autre élève essaie de dire la phrase, puis un dernier écrit les mots au-dessus des étiquettes.

- **Travail individuel**
  - Les mots à utiliser sont sur une feuille que l'on donne aux élèves ; ils doivent les découper et construire des phrases qu'ils colleront ensuite sur le cahier, une fois validées. On peut organiser une compétition entre groupes, en fixant une limite de temps.
  - Variante : les mots sont présents en colonne sur une feuille et l'élève écrit directement sur son cahier les phrases composées.

6- ACTIVITÉS DE COMMUNICATION

- **Class survey (enquête de classe)**
  - L'enquête de classe permet aux élèves de communiquer entre eux de façon autonome, en utilisant la langue comme un véritable outil de recherche d'informations authentiques (sur les goûts, les animaux familiers,…)
  - Les élèves auront à circuler dans la classe pour aller interroger leurs camarades, il est donc important de prévoir l'organisation matérielle avec précision et de distribuer clairement les rôles.
    Selon la taille du groupe-classe et l'espace dont on dispose, on peut, soit demander à chaque élève à tour de rôle de questionner ses trois camarades les plus proches en restant assis, soit à chaque élève d'interroger librement le maximum de camarades en se déplaçant dans la classe.
  - Il est important d'expliquer aux élèves ce que l'on attend d'eux et il est conseillé de procéder à une démonstration commune (l'enseignant avec un élève par exemple) avant de lancer l'activité.
  - À la fin de l'activité, les élèves rendent compte de leur recherche dans une phase de mise en commun des informations recueillies. Cette étape est animée par l'enseignant qui récapitule les informations *(Michael has got three cats/Tom likes chips and bananas, etc.)*. Ces données peuvent être exploitées sous forme de tableaux, diagrammes, camemberts, etc. (voir interdisciplinarité).

- **Information gap (information manquante)**
  - Dans ce type d'activité, un élève ou un groupe d'élèves possède une information que les autres vont chercher à obtenir par des questions plus ou moins directes (exemple l'élève A dispose d'un plan de pièce ou de ville que l'élève B n'a pas vu ; l'élève B, qui ne dispose que d'un plan vierge, va devoir le compléter en interrogeant l'élève A).

- **Guessing game (devinette)**
  - Un élève ou un groupe d'élèves choisit un objet ou une personne (de la classe ou personnage connu, fictif ou réel) et les autres ou l'autre doivent deviner de qui/de quoi il s'agit.
    Il faut clairement indiquer le type de questions acceptables : questions fermées (*YES/NO*) qui permet de faire durer le jeu plus longtemps, ou questions ouvertes (*what, where, who*) qui permet d'obtenir la réponse plus rapidement.

- **Role-play/Drama**
  - Cette activité permet aux élèves de mettre la langue en scène à divers degrés d'autonomie :
    – les élèves apprennent par cœur un dialogue (ou monologue) qu'ils jouent devant la classe ;
    – les élèves créent un dialogue à partir d'une trame fournie en utilisant leurs acquis antérieurs ;
    – les élèves mettent en scène une histoire, un dialogue étudié en classe ;
    – sur un thème donné, les élèves créent tout à fait librement une saynette.

7- BASIC GAMES

Sont regroupées ici toutes les règles des jeux évoqués dans Topics.

- **Bingo (loto)**
  - Objectifs linguistiques :
    – reconnaissance du lexique ;
    – compréhension orale ;
    – expression orale (pour le meneur de jeu).
  - C'est un jeu de loto traditionnel qui peut se pratiquer avec des nombres mais aussi différents thèmes lexicaux (*food, animals, etc.*)
    On peut distribuer des grilles préparées à l'avance ou faire fabriquer des supports plus simples par les élèves :

chaque élève note un nombre donné de mots sur une feuille, puis les raye au fur et à mesure que le meneur de jeu les énonce. Le premier qui a tout rayé crie : *Bingo !* Le gagnant ne voit sa victoire validée que s'il est capable de relire tous les mots correctement.

- Variantes :
  – On peut utiliser le *bingo* pour travailler le rapport phonie/graphie. L'élève dispose alors d'une grille avec des mots écrits qu'il recouvre d'étiquettes dessins au fur et à mesure du jeu. Il doit ensuite être capable de retrouver les mots avant d'enlever les dessins.
  – NB. On peut prévoir des grilles semblables, d'une vingtaine de mots, mais dont chaque élève cachera un nombre donné de mots pour aboutir à des grilles différentes.
  – On peut inverser les mots (sur étiquettes) et les dessins (sur la grille).
  – On peut travailler des notions telles que singulier/pluriel, en représentant sur les grilles un ou plusieurs des mêmes objets.

• Simon says (Jacques a dit)

- Objectifs linguistiques :
  – reconnaissance des ordres et du lexique ;
  – compréhension orale ;
  – expression orale (travail sur la rapidité).
- Ce jeu peut être utilisé dès le début de l'apprentissage avec des ordres très simples : *Simon says : stand up!*, *sit down!* et être repris et enrichi au fur et à mesure des acquisitions *(Simon says : touch your ears!*, ou *Simon says : eat a banana!*. Puis : *Simon says : touch your left ear!).*
- Ne pas laisser trop longtemps hors jeu les élèves éliminés.

• Twisters

- Objectifs linguistiques :
  – reconnaissance des ordres et du lexique ;
  – compréhension orale ;
  – expression orale (meneur de jeu).

NB. Ce jeu demande qu'un espace visible de tous ait été dégagé au centre de la classe.

- L'enseignant pose des *flash-cards* du thème travaillé au sol et donne des ordres à un élève volontaire pour qu'il pose sa main sur une image, son pied sur l'autre, ... : *Put your (left) hand on the (blue) car.*
  Très vite, un élève ou tout le groupe peut remplacer l'enseignant.

• Kim's game

- Objectifs linguistiques :
  – mémorisation du lexique ;
  – expression orale (prononciation).
- On y joue avec des objets réels ou des images, qui doivent être posé(e)s sur une table et bien visibles de tous les élèves. L'enseignant nomme chaque objet en le posant puis vérifie que chaque élève sait désigner les objets en les envoyant montrer les objets énoncés et en veillant à la prononciation.
  Ensuite, il demande à tous les élèves de fermer les yeux *(close your eyes, now)* en mimant au besoin et retire un ou plusieurs objets. Quand il leur demande d'ouvrir les yeux *(open your eyes, now! what's missing?)*, ils doivent être capables de nommer les objets manquants.

NB. Cette activité permet de répéter les mots sans ennui.

- Variante : travailler par ce biais les prépositions de lieu, le génitif, le mobilier, etc.
  Les objets/cartes sont alors placés à différents endroits de la salle (sur une chaise, sous une table,...). Les élèves doivent tous les retrouver en disant : *the elephant is on Peter's chair*, ou *the apple is under the video.*

• Merry-go-round (jeu de manège)

- Objectifs linguistiques : travail de la prononciation, de l'intonation et du rythme.
- Le principe de ce jeu est de faire tourner de plus en plus vite des mots ou phrases autour du cercle constitué par les élèves.
  Chaque élève tire une carte qui représente un élément du lexique étudié. Au signal, chacun dit son mot à tour de rôle, en accélérant le rythme à chaque tour.
  L'enseignant peut faire tourner deux mots pour travailler deux phonèmes proches mais différents ou semblables : *fish/chips, chips/cheese.*
- Même principe pour travailler sur les schémas accentuels : ***e**lephant/**cro**codile, to**ma**to/ba**na**na.*
  Un élève énonce une phrase (ex . : *my name's Jane*) et pose une question (ex. *what's your name?*) à son voisin qui répond et pose à son tour la question à son voisin, ainsi de suite.
- Même principe mais on fait tourner plusieurs questions (ex. *how old are you? where do you live?...*).
  Chaque élève tire une carte qu'il énonce à son voisin : *I've got a yellow chair. What about you?*, ainsi de suite.

• Word chains (jeu d'accumulation)

- Objectif linguistique : révision du lexique d'un thème particulier.
- Se joue en cercle d'une douzaine d'élèves pour commencer. On peut faire plusieurs cercles. Un élève choisit un mot du lexique étudié et le dit à voix haute. Un second élève reprend ce mot et en ajoute un autre, un troisième élève reprend les deux premiers et en ajoute un autre, ainsi de suite. Ce qui donne : *a chair, a chair and a book, a chair and a book and a pen.....*

NB. En début d'apprentissage, on peut fournir une aide sous forme d'images affichées au tableau au fur et à mesure de l'énoncé des mots.

- Variante : commencer par une phrase qui donne un contexte : *I went to the market and I bought...* ou *I went to the zoo and I saw...*, phrase que reprend chaque participant à son tour.
  On peut complexifier en ajoutant des mots par ordre alphabétique : *an **a**ntelope, a **b**ear, a **c**himpanzee, ...*

• Memory (jeu de mémoire visuelle)

- Objectifs linguistiques :
  – révision du lexique
  – association phonie/graphie
  – expression orale (lecture à voix haute)
  – mémorisation du lexique
- Se joue avec deux séries de cartes à associer, le but étant de constituer des paires, par exemple les nombres en chiffres et en lettres, les drapeaux et les noms de pays, les animaux et les couleurs, etc. On peut aussi jouer sans mots écrits, les élèves devant alors nommer le dessin.
  Les cartes retournées sont disposées à plat en deux groupes distincts. Un élève retourne une carte d'un groupe et essaie de trouver sa paire dans l'autre groupe. S'il y parvient, et s'il énonce correctement ce qu'il a tiré, il rejoue, sinon c'est à quelqu'un de l'autre équipe. L'équipe qui a obtenu le plus de paires en fin de jeu, a gagné.
- Variantes :
  – Les élèves disposent de fiches photocopiées, découpées et jouent à deux.
  – On peut utiliser ce jeu pour des notions de grammaire comme le singulier/pluriel, par exemple en constituant des paires telles que : *a tomato - tomatoes*.
  – La classe est divisée en deux équipes qui jouent à tour de rôle. Chaque élève énonce ce qu'il possède (*I've got a...*), puis on retourne toutes les cartes et l'élève 1 de l'équipe 1 doit deviner ce que possède l'élève 1 de l'équipe 2 (*he's got a...*). L'enseignant vérifie en posant la question directement à l'élève : *Have you got a... ?* et ainsi de suite.
  Cela permet de travailler le passage à la troisième personne du singulier de façon ludique.

• Guessing games (devinettes)

- Objectifs linguistiques :
  – utiliser le questionnement
  – expression orale
  – communication authentique
- Tous les jeux de devinettes sont d'excellents déclencheurs de parole, car il y a un vrai déficit d'information à combler. Cela crée une réelle motivation pour poser des questions ou émettre des hypothèses. On peut y jouer en groupe-classe, surtout pour lancer l'activité, mais aussi en petits groupes ou à deux.
  – Un élève, guidé au besoin par l'enseignant, choisit un élément en rapport avec le thème traité et les autres lui posent des questions pour deviner de qui/de quoi il s'agit. (*is it...?, have you got...?*), questions auxquelles l'élève répond par oui ou non (réponses courtes).
  Il est conseillé de demander une preuve du choix fait par l'élève au départ, afin d'éviter tout conflit.
  – Un élève doit deviner ce que les autres élèves lui cachent en leur posant des questions.
  – Ce jeu peut être utilisé dès le début de l'apprentissage avec des notions très simples (nombres, noms, objets de la classe à deviner) qui impliquent des questions (*is it...?*) et des réponses (*yes, it is/no, it isn't*) très simples.
  – On peut utiliser des structures plus complexes par la suite, telles que : *can you fly?/ do you like grass?/ have you got big ears?...*

NB. Au début, on peut utiliser un support visuel pour aider au questionnement, par exemple une affiche montrant quelques animaux avec, devant chacun, ce qu'ils mangent, ce qu'ils savent faire, etc.

• Autres jeux de société classiques

On peut utiliser, si les effectifs et les conditions le permettent, d'autres jeux de société connus des élèves, mais il faut réfléchir au volume de langue qu'ils permettent de manipuler.

Battleship

Bataille navale où l'on manipule des chiffres, des lettres et les mots : *hit! Sunk! Missed!*

Dominoes

Il peut se jouer avec des chiffres ou des images, que chaque joueur doit nommer à voix haute quand il joue.

Snap

Jeu de bataille, chaque joueur a une pile de cartes qu'il retourne l'une après l'autre et pose sur une même pile. Lorsque deux cartes identiques se superposent, le premier qui crie *Snap!* a gagné le paquet. Le jeu s'arrête quand l'un des joueurs a obtenu la totalité du paquet.

Happy families

Jeu des 7 familles qui peut se jouer avec des cartes fabriquées en classe, sur des thèmes travaillés : familles de couleurs, d'animaux, de personnages, etc.
Have you got the blue rabbit, please? Yes/no I have (n't).
ou *Can I have the blue rabbit, please? Yes, here it is/ No, you can't.*

8- BOOKS, SONGS AND CHANTS

Les suggestions d'exploitation qui suivent sont destinées non seulement à préparer un travail sur les six documents traités mais aussi à donner des pistes de réflexion pour l'utilisation de ce type de documents en général.

Utilisation d'un album

• Ces livres paraissent souvent très simples, ils sont destinés à de très jeunes enfants en langue maternelle.

Ils contiennent cependant un langage qui n'est pas nécessairement simple pour un débutant non-anglophone.

L'intérêt de leur utilisation en classe réside dans le fait que les structures de phrase sont « isolées », mises en situation compréhensible, et répétées.

C'est une formule qui facilite non seulement la maîtrise de ces structures pour de très jeunes anglophones, mais aussi l'apprentissage de nos élèves non-anglophones. De plus, ceux-ci pourront ainsi acquérir des expressions typiques, voire idiomatiques, dans la langue cible.

On ne peut exclure toutefois des réactions négatives de certains élèves par rapport à ces livres qu'ils jugent trop « bébés » pour eux, et l'on envisagera, avant d'entamer le travail, une discussion de classe pour comprendre l'utilité de ce type de document en cours d'anglais.

Il est nécessaire, en effet, d'obtenir l'adhésion des élèves pour qu'ils en acceptent l'utilisation.

WHERE'S MY BABY? • Julie Ashworth, John Clark

Collins ELT.

CONTENUS

• **Vocabulaire**
- *lost, baby, help, my/ your* ;
- *parts of the body : head, hair, nose, toes* ;
- *colours : red, green, white* ;
- adjectives : *clean, nice, horrible, ugly, bald, sick, scary, hairy* ;
- numbers : *one to fourteen + one more.*

• **Fonctions langagières**

Have got *hasn't got*
Be *isn't, is this ?*

PRE-REQUIS

• Le vocabulaire et les fonctions langagières doivent être acquis si l'on veut que les élèves puissent comprendre l'histoire dès la première lecture.

COMPETENCES TRAVAILLEES

• Compréhension orale, expression orale, compréhension écrite, expression écrite.

PREPARATION

• L'enseignant peut préparer des supports agrandis des illustrations qui pourront servir aux activités ultérieures mais également pour raconter l'histoire, en ayant « effacé » l'écrit original, au moins pour les deux premières écoutes. On peut colorier les détails importants de chaque page pour faciliter la compréhension : parties du corps, objets…

L'enseignant qui souhaite utiliser l'histoire comme aboutissement d'une séquence doit réactiver le vocabulaire des parties du corps, à l'aide d'un jeu de Simon Says par exemple : *Simon Says " touch your head, your toes,… "* ainsi que les couleurs, les nombres, les adjectifs qualificatifs. On peut introduire *nice* et *horrible*, puis *clean* et *dirty* ou *hairy* et *bald* avec des images et jouer sur les oppositions. On peut faire remarquer les sons identiques dans *hairy* et *scary* ainsi que dans *nose* et *toes.*

Il est important d'avoir réactivé *hasn't got* pour ne pas le confondre avec *isn't* dans le récit. (*Has Peter got green hair? etc.).*

Certains mots peuvent être élucidés dans le cours du récit à l'aide de mimiques : *scary, sick, ugly, etc.*

RACONTER L'HISTOIRE (compréhension et expression orales)

• **Première écoute**

L'enseignant raconte l'histoire en entier ; c'est important pour le plaisir des auditeurs. L'élément de sus-

pense permet l'anticipation qui est déjà une participation au récit. Il est important de mimer l'angoisse, puis la déception et enfin la joie de la maman. L'intonation participe à la compréhension de l'histoire.
Après la première écoute, l'enseignant peut solliciter la prise de parole par des questions telles que : *how many babies are there? what colour is this baby? how many toes has it got? how many toes have you got?*

- **Deuxième écoute**
  L'enseignant va solliciter peu à peu la participation des élèves. Il peut d'abord faire produire la question du *policeman*, puis dans un second temps, une partie de la réponse de *Mrs Monster*. On peut diviser la classe en deux groupes ou faire intervenir des élèves deux à deux .
- **Troisième écoute**
  Les élèves peuvent jouer l'histoire . Le *policeman* peut porter un casque reconnaissable.

On peut favoriser la mémorisation des dialogues par des activités d'associations dialogue/ image ou de remise en ordre des images puis productions des dialogues correspondants après avoir distribué les images des monstres successifs dans la classe.

PROLONGEMENTS (compréhension et expression écrites)

On peut introduire le texte à ce stade-là si cela n'a pas été fait. Les élèves associent à chaque agrandissement au tableau le dialogue correspondant. Ce passage à l'écrit peut parfois être utile pour aider les élèves à mémoriser le récit afin de raconter l'histoire eux-mêmes.

Les élèves peuvent prolonger l'histoire avec d'autres images de monstres qu'ils auront dessinés eux-mêmes ou même inventer un nouvel album « à la manière de ».

DEAR ZOO • Campbell, Rod

Picture Puffins (Penguin Books)

DESCRIPTIF

Un enfant, qui a envie d'un animal de compagnie, écrit au zoo…
Le zoo, très coopératif, lui expédie, à plusieurs reprises, des animaux exotiques – qu'il renvoie car ils ne lui conviennent pas – avant de lui trouver le compagnon rêvé…

- L'image de chaque animal est dissimulée dans sa boîte, que le lecteur peut ouvrir après avoir deviné
- Texte bref à structures répétitives
  He was [too + adjective]…
  … so they sent me a (?)
- Ce livre ne convient pas pour une première présentation des noms d'animaux.

CONTENUS

- **Vocabulaire**
  Lexical set - Animals : elephant – giraffe – lion – camel – snake – monkey – frog – dog (plus autres exemples de *Pet animals/Zoo animals* au choix)

NB. Ces mots ne sont pas écrits dans le texte
- Adjectifs : big – tall – fierce – grumpy – scary – naughty – jumpy – perfect
  (plus autres adjectifs à accepter : heavy – dangerous et à suggérer : noisy – greedy – hairy…)
- Verbes : was – sent – (thought – kept)

NB. L'histoire est racontée au passé – ce qui est normal. Vu la simplicité de l'ensemble, cela ne pose pas de problème. Il ne s'agit pas de « travailler le passé ».

- **Fonctions langagières**
  - Choisir et exprimer les raisons du choix
  - Comparer quelque chose avec un absolu *" He was TOO BIG (for me/to be my pet) "*.
  - Expression de l'aller et du retour *" … so I sent him back "*. *" Sent/sent back "* (que l'on peut comparer avec *give back/throw back*).
- **Prononciation**
  t<u>a</u>ll / n<u>a</u>ughty — sc<u>a</u>ry
  gr<u>u</u>mpy / <u>j</u>umpy — p<u>e</u>rfect
  - Les sons
  Les sons " courts " de *sent / him / back /* " *-y* " final
  Les sons " longs " de *he / too* et diphtogués de *they / I*
  - L'accentuation
  Premier animal : He was too big !
  o o O O
  Les autres : He was too tall !
  O o o O
  I sent him back !
  o O o O
  L'intonation des phrases déclaratives.
- **Élément Transdisciplinaire**
  Le courrier : (en anglais, utiliser : *send / send back*)
  Surtout, comment expédier un objet (*from the zoo / Danger / Fragile / Very Heavy / With care/Crate / Box / Basket / Letter / Envelope*)
- **Savoir-faire**
  - Émettre une hypothèse.
  - Trier.
  > Mémoriser.
- **Pré-requis**
  - Les noms des animaux.
  - Les pronoms *I /he / they / me / him.*

OBJECTIFS

- Apprendre des adjectifs : taille, comportement et être capable de les utiliser dans la phrase :
  He (ou *it*) *is / was too…*
- Être capable de
  – lire le texte d'une double page et l'associer correctement à l'image ;
  – lire à haute voix le texte d'une double page de façon à ce que la classe comprenne et désigne l'image ;
  – raconter à haute voix une double page de l'histoire à partir de l'image.

COMPÉTENCES TRAVAILLÉES

Compréhension et expression orales.
Compréhension et expression écrites.

MATÉRIEL

- Le livre (NB : l'enseignant peut modifier certaines images, car sinon il est trop facile de deviner).
- Des dessins (agrandis) des animaux
  + les adjectifs écrits en grand.
- Idem, sur une feuille, pour chaque élève.
- Une lettre, ou une carte postale + une enveloppe.
- Eventuellement : enregistrements de chansons liées à ce sujet.

Ex. Do you like cats ? (Let's Chant ! Let's sing ! Book One)
Going to the Zoo.

PRÉPARATION

- L'enseignant montre une enveloppe avec son propre nom, le nom de l'expéditeur, un timbre,… qui contient une lettre, plus une autre enveloppe qui contient une carte postale, plus une petite boîte (par exemple une boîte à colis de La Poste).
  Les buts sont :
  – de discuter et de faire entendre, ou même de dire

  Look, it's from England!
  my sister!

  My sister <u>sent me</u> a book.
  a present.

  You can put a letter in an envelope.
  a small book…
  a big book in a box.

  You can't put an elephant in an envelope.
  It's <u>too big</u>.

  – de voir le début d'une lettre *Dear Mary*
  et la fin *Love from Jenny*
- L'enseignant montre le livre **Dear Zoo !**

NB. On peut occulter le lion qui paraît entre les planches et fait faire le lien avec le courrier…

- Il explique (en français) que c'est l'histoire d'un enfant qui n'avait pas d'animal à la maison, mais qui en voulait un, sans savoir exactement lequel. Ne voulant pas demander à ses parents, il écrit au zoo pour résoudre le problèmc…
- Puis révision du travail *Animals.*
  Il demande *What can you see in a zoo?,* et laisse venir, à l'oral, les réponses... puis dit *Stop!*
  Il dessine un rectangle au tableau… *Here is a zoo,* et invite des élèves à venir écrire des noms (une dizaine).
  Il dessine une maison et invite des élèves à y inscrire les noms de *Pet animals ;*
  De même avec un ensemble de *Farm animals.*
  Ensuite la classe verra si certains animaux peuvent être dans deux, voire les 3 ensembles.
  Enfin, l'enseignant amène la classe à rechercher d'autres classements en prévoyant des mots utiles pour comprendre le livre.

  Big / little / dangerous animals
  Animals which can fly / swim / jump
  Animals with 2 / 4 / 0 legs etc.
- Pour finir ce travail de révision, on introduira une chanson simple en illustration

Ex. *The zoo-keeper* qui permet aux élèves de créer tout de suite [sur l'air de *John Brown's Body...*]
Mr. Smith the keeper's got 10 lions in his zoo (x3)
And he has to feed them every day.
Les élèves choisiront les animaux pour les chiffres 9, 8, 7, 6...
À la fin on tente : *Mr. Smith the keeper's got 10 lions, 9, 8, 7…*

LECTURE DE L'HISTOIRE

- 1re lecture
  L'enseignant aura pris soin de cacher les parties des dessins trop évocatrices, pour ménager le suspense.
  Il lit **sans** ouvrir les boîtes, en mimant pour aider à la compréhension des adjectifs. Par contre, en approchant le livre des élèves, il fait lire *From the zoo*, et il lit lui-même *Very heavy / Fragile/ Danger / With care*
- 2e lecture
  Les élèves devineront les animaux, et pourront vérifier. L'enseignant, en utilisant un *backward-building* à partir de l'adjectif fera prononcer *He was too big!* puis *I sent him back* en travaillant rythme et intonation.
- Pause-réflexion
  L'enseignant guide les élèves :
  How many animals?
  Which animals?
  On pourra poser des images/écrire leurs noms au tableau :
  Which animal was... too jumpy?
  Tell me about the giraffe
- 3e lecture
  L'enseignant tente d'obtenir *They sent me an elephant* et fait travailler rythme / intonation, puis amorce les deux phrases déjà travaillées (pour maintenir le rythme) *He... I...*

NB. Il faut travailler à part la dernière double page.

• 4e lecture
L'ensemble de la classe – sans l'enseignant.

• 5e lecture
Lecture à trois voix (un groupe par phrase), puis par un élève volontaire, seul.

• Pause-réflexion-écriture
Des volontaires vont au tableau pour écrire le « squelette » des trois phrases, et puis les « ensembles » nom/adjectif.

Chaque élève recopie un ensemble dans son cahier.

PROLONGEMENT

• Travail en groupes de 2/3/4.
Chaque groupe écrit son mini-livre en changeant animaux et adjectifs. Ils peuvent aussi choisir.
• *Pet-shop* ou *Farm* à la place de *Zoo* . Les livres resteront dans le coin-anglais, avec l'original, après lecture en silence et/ou à haute voix par les élèves d'autres groupes.

THE BERENSTEIN BEARS AND THE SPOOKY OLD TREE • Stan and Jan Bereinstein

Collins ELT.

DESCRIPTIF

• Cette histoire de mystère et de suspense utilise la répétition et les changements de rythme.
C'est l'aventure de trois petits ours qui partent, un soir, à l'assaut d'un arbre « hanté ».
Les illustrations sont simples et évocatrices, et permettent la compréhension rapide des divers mots et expressions que les élèves de CM n'auront pas rencontrés, d'autant plus que le texte est simple.

CONTENUS

• Divers noms et adjectifs qui correspondent au thème :
– light – stick – rope – shivers – key – stairs – wall – hall – ladder – slide – door – home
– old – little – spooky – great – twisty – giant moving – running – sleeping
– came – went – climbed.

• On peut ajouter d'autres mots suggérés par les images et l'atmosphère :
– Brave – daring – courageous – scared
– Raven – frog – crocodile – spider – bat – owl – rat
– Suit of armour – axe – shield

• Fonctions à travailler :
– l'expression de mouvement, avec les prépositions into – out of – up – down – through – (along) ;
– l'expression de possession, ou pas : with / without
– la demande… *Do they dare?*
et la confirmation… *Yes, they dare*

MATÉRIEL

• Le livre
• Pour un travail plus approfondi :
– des photocopies des images en désordre ;
– des photocopies du texte découpé ;
– des photocopies des images
Transformées en Flashcards ou Figurines (tableau de feutre).

PRÉPARATION

• On peut réviser, ou pré-enseigner, du vocabulaire, mais ce n'est pas indispensable.
En revanche, il est important de créer l'atmosphère, et de bien faire ressentir *spooky*, que l'on peut rapprocher de *scary*, ainsi que les implications de *dare*.
Si la classe a travaillé sur Hallowe'en, cela peut fournir un point de départ.
Une autre possibilité sera de raconter, et faire réciter ensemble le poème :

In a dark, dark wood,
Theres a dark, dark house.
In the dark, dark house,
There's a dark, dark room.
In the dark, dark room,
There's a dark, dark cupboard.
In the dark, dark cupboard,
There's a dark, dark box.
In the dark dark box,
There's a… ghost ! ! !

• On fera le lien *a ghost –> a spook –> spooky*
La présentation sera plus rapide et efficace avec Flashcards ou Figurines.

• On pré-enseignera
Would/ Do you dare…?
Ex. Do you dare go into a dark wood?
a dark house?
a haunted house with a spook in it?

Do you dare give a biscuit to a rabbit? a dog? a horse? an elephant? a lion?
(it's too big / too dangerous)

Do you dare touch a snake? a rat? a spider? a spider's web?
watch a horror film at midnight?

... et on proposera, en complément brave / courageous / scared / dangerous / scary.

LECTURE

- Dans la mesure du possible, pour l'activité de lecture à haute voix, les élèves seront en demi-cercle ou bien en groupes assez rapprochés de l'enseignant qui sera assis.
  Pour ce texte, l'enseignant utilisera le verbe *move* avec up / over / closer / near / left / right... pour placer les élèves.

1. L'enseignant montre, et fait dire : a light / a stick / a rope.
2. L'enseignant montre la couverture du livre. Il lit, puis fait lire, le titre, et en élucide le sens par rapport à l'image.
3. L'enseignant présente les protagonistes : three little bears et leurs accessoires
4. 1re lecture
   L'enseignant lit seul en montrant les images. Il est probable que certains élèves participent (Three little bears / light-stick-rope / yes, they dare).
5. On regarde les images en attirant l'attention sur les points intéressants

Ex. - Mummy bear -> at home
- spooky animals
- armes et armures

} qui ne sont pas nommés dans le texte

6. 2e lecture
   L'enseignant s'arrête pour élucider et faire dire

Ex. *twisty old stair / the shivers / a giant key /...*

7. L'enseignant ouvre le livre au hasard et demande à divers élèves de proposer des mots ou expressions correspondants.
8. 3e lecture
   Try to join in! les élèves se concentrent sur *a spooky old tree / a giant key...*
9. En choisissant les pages, l'enseignant aide la classe à suivre le parcours :
   – into the tree, up the stairs,...
   – out of a door.
10. 4e lecture
    L'enseignant s'arrête, ou parle très bas, aux endroits visés en 9.

PROLONGEMENTS

11. Travail, livre fermé, avec **images** ou tableau de feutre.

Ex. the spooky old tree – the giant key – a bear with a light – a bear without a light – up the stairs

NB. des signes représentant les prépositions : up / into

12. Mise en ordre des images au tableau – de toute l'histoire, ou bien d'une partie.
    La Classe suit les images et « raconte » l'histoire à haute voix.
13. Chaque élève reçoit une photocopie des phrases dans le désordre, à découper. En groupe de quelques élèves, reconstitution de l'histoire (travail à faire ensemble, mais chacun manipule ses propres phrases).
14. Après validation, chacun colle l'histoire dans son cahier et l'illustre en ajoutant au bon endroit les images données sur une autre photocopie.
15. Pour aller plus loin... On numérote les phrases, puis un élève lit une phrase à haute voix et les autres doivent la reconnaître et donner le numéro.
16. Lecture plaisir tous ensemble.
17. Questions surprises :
    – How many bears in the story?
    – How many different sorts of animal?
    – Which sorts of animals?

- Cette histoire peut se prêter à une mise en scène.
  On aura besoin de :
  – trois petits ours
  – une maman ours
  – un grand ours
  } qui mime(nt) mais ne parle(nt) pas
  + éventuellement un crocodile, un chevalier en armure ;
  – trois groupes de « récitants » pour raconter l'histoire ;
  – des accessoires de scène en carton.

Chansons. Comptines. Chants. Poèmes.

- Les chansons traditionnelles constituent un apport culturel très riche, ne serait-ce que grâce au lien qu'elles forment entre l'élève non-anglophone et les traditions du pays dont il apprend la langue. L'intérêt du choix d'un matériel authentique est bien de faire l'apprentissage de la langue avec les mêmes outils de base que les jeunes anglophones.
- Intégrés à une séquence de travail, ou bien isolés, écoutés et appris seulement pour le plaisir, ces outils peuvent enrichir le vocabulaire et servir de modèle pour la prononciation.
- Certaines chansons récentes, même composées pour de jeunes anglophones dans un but éducatif, présentent un intérêt similaire.
- Il existe aussi de nombreuses chansons composées pour enseigner aux élèves différents éléments de la langue. On peut être tenté de leur préférer ce qui est authentique, mais certaines ont fait leurs preuves et il serait dommage de se priver de ce matériel didactique, qui peut se révéler plus facile à utiliser, soit comme point de départ d'une leçon, soit comme aboutissement.

HEAD AND SHOULDERS • chanson traditionnelle

MATÉRIEL

Enregistrement de la chanson (Topic 4 BODY + HEAD AND SHOULDERS, BABY).

CONTENUS

Les noms des parties du corps : Topic 4 BODY.

PRÉ-REQUIS

BE
Pronoms personnels
Nombres et couleurs.
+ début d'apprentissage d'écoute active, de TPR et d'acquisition du vocabulaire par l'implicite.

OBJECTIFS

Association du geste à l'acquisition du sens et du rythme.

MISE EN ŒUVRE

De préférence dans une salle vide ou à l'extérieur.

1 Les élèves se placent en silence, en cercle, l'enseignant parmi eux. Il dit Look at me ! et désigne de la main sa tête, ses épaules, etc. dans l'ordre de la chanson. Puis il invite les élèves à l'accompagner : you do it with me now.

2 **Première écoute** de la chanson avec les mêmes gestes, initiés par l'enseignant.

3 **Deuxième et troisième écoute**, si nécessaire. L'enseignant quitte le cercle pour guider les gestes, en répétant doucement un mot si nécessaire.

4 **Quatrième écoute**
Les élèves se concentrent et reprennent les gestes avec l'enregistrement, en rythme. L'enseignant encourage Come on ! à maintenir un rythme enlevé.

5 Pause... on souffle et l'enseignant invite les élèves à nommer les parties du corps énoncées : head/ touch your head ! ou point to.../show me...

6 **Cinquième écoute** pour le plaisir d'essayer soi-même de chanter.
L'enseignant recentre l'attention, reprend lui-même chaque mot avec le geste correspondant et invite les élèves à participer oralement (en groupe, puis séparément).
Insister sur le rythme et l'intonation.

7 Avec la cassette. Enseignant et élèves chantent. L'enseignant aide les plus timides.

8 Sans la cassette. Tous chantent (à tour de rôle filles, puis garçons, puis un groupe pendant que l'autre fait les gestes.)

9 Pause... on souffle et on se calme. L'enseignant montre une partie du corps, les élèves la nomment à voix haute.

10 La classe ferme les yeux... et chuchote les paroles en reprenant les gestes discrètement.

11 L'enseignant invite un élève à dire l'ensemble (tous les yeux restent fermés).

12 On termine en chantant ensemble, de plus en plus fort ou rapidement.

- Au début de la séance suivante, la classe reprendra la chanson puis l'enseignant vérifie que tous ont retenu les 8 mots et il fait prendre conscience du pluriel : *knees, toes, how many toes have you got ? Ihave you got one knee ? two knees ? three knees ?* Pensez à de vraies questions : *how many toes has your cat got ?*
- L'enseignant peut alors introduire d'autres mots : *hair, hand, finger, cheek, chin,tooth/teeth, arm, leg, foot/feet, tummy, bottom.*

PROLONGEMENT

- Choisir une autre chanson avec les parties du corps : the hokey-cokey, looby-loo,etc.) pour utiliser l'acquis. Suggestion pour encourager la créativité des élèves : HEAD AND SHOULDERS, BABY ! C'est un *chant* (pas de musique) fortement rythmé. Les élèves se mettront par deux pour produire d'autres strophes.

Cet ensemble permettra d'enchaîner facilement sur Topic 4 BODY.

WHAT COLOUR IS THIS? • C. Graham

Let's chant, let's sing. Book One. C.Graham. O.U.P.

MATÉRIEL

- Le CD de *Book One* ;
- Des crayons ou feutres de couleur ou des cartons de couleur (assez grands pour l'enseignant, pour être vus de tous, plus petits pour les élèves).

CONTENUS

- Adjectifs de couleurs ;
- Question WH dans what colour is it ? ;
  Réponse it's red.

OBJECTIFS

- Reconnaissance des couleurs.
- Fixation de la prononciation des phrases (sons, rythme, intonation).
- Production orale modeste.
  Éventuellement production écrite de son groupe de travail.

PRÉPARATION

- L'enseignant invite les élèves dont les tables sont vides en début de séance , à disposer les carrés de couleurs que chacun aura déjà fabriqués : *Take out your colour cards and put them on your table*. On peut introduire : Yes, that's right Kevin ! Everybody, look at Kevin's table!
- L'enseignant réactive ensuite les questions/ réponses sur les couleurs. (voir BASICS) .
  Ensuite, l'enseignant dit une phrase qui contient plusieurs couleurs : My favourite colour is red but I like blue and green. Les élèves montrent les cartes correspondant aux couleurs entendues : Show me the colours.

LA CHANSON

- L'enseignant montre la cassette et la met en place : Look! we're going to listen to a chant, then you're going to show me the right colours !
  Are you ready ? Right, let's go !

- **Première écoute**
  Première partie du *chant* : l'enseignant demande simplement : how many colours ? Pendant l'écoute, chaque élève prend les carrés correspondant aux couleurs qu'il entend. Il les garde à la main.
- **Deuxième écoute**
  What colours have you got, Sam ? and what about you, Jenny ?
  Les élèves répondent mais ne montrent pas leurs couleurs. L'enseignant n'évalue pas, mais peut introduire : the same et different.
- **Troisième écoute**
  Listen again ! Un élève va au tableau et prend , sous la dictée d'un camarade, les étiquettes-couleurs de démonstration correspondant à ce qu'il entend. Si les élèves ne sont pas d'accord entre eux, on peut procéder à une écoute supplémentaire. Puis chaque élève pose les carrés en ordre sur sa table.
- **Quatrième écoute**
  Vérification/modification éventuelle de l'ordre avec l'écoute du *chant*.
  On procède de même pour la deuxième partie du *chant*.

RYTHME ET INTONATION

Voir fiche spécifique.

PRODUCTION ORALE

La classe récite le *chant* ensemble, puis à deux voix (questions/réponses) qui seront inversées pour la deuxième partie.

PROLONGEMENTS

- **À l'oral :**
  Chaque groupe d'élèves (3 ou 4 groupes) prépare une version différente du *chant*, en variant les couleurs, puis récite sa production pendant que les autres montrent les couleurs avec leurs cartes.
- **À l'écrit :**
  Avec une activité de sentence-building, l'enseignant fera apparaître au tableau la question : what colour is it ? et le début de la réponse : it's...
  Chaque élève pourra recopier dans son cahier la question et la réponse complétée avec les couleurs choisies par son groupe.

THE BLACK CAT SONG

- Se trouve dans le même livre que *What colour is this?* et peut d'abord se traiter de façon similaire pour la reconnaissance des adjectifs de couleur.
  Dans un second temps, l'on s'en servira pour travailler sur les stratégies de repérage et de compréhension de mots non connus dans le contexte d'une histoire.

CONTENUS

Pas de phrases construites ;
- des groupes de mots : adj. de couleur + nom (*green grass, blue skies, black cats,...*).

MISE EN ŒUVRE

- **Préparation**
  L'enseignant prépare un support comportant des dessins de tous les éléments présents dans la chanson. En se servant du vocabulaire déjà acquis, il peut inclure quelques éléments non présents (*green trees, red cars,...*).
- **Révision**
  Show me a black pen, a blue pencil,... ; *what's this? It's a red pen* permettent de revoir la séquence adj. + nom.
- **Présentation**
  Il s'agit d'expliciter une technique de travail que l'on cherche à développer. Il est donc prudent de présenter l'activité en langue maternelle, afin que chaque élève se sente en confiance. Les stratégies que l'on cherche à mettre en valeur sont :
  - repérage des mots déterminé par leur place dans la phrase ;
  - compréhension du sens par la couleur et l'élimination des mots déjà connus.

  L'enseignant signale aux élèves que dès que l'un d'entre eux lève le doigt parce qu'il a repéré un mot, il peut arrêter la cassette pour faire réentendre ce mot.
- **Écoute/observation/réaction :**
  - première écoute globale sans image ;
  - seconde écoute avec les images : repérer les mots nouveaux, lever le doigt pour les signaler, les répéter spontanément ou avec l'aide de la cassette, associer les mots à l'image en venant au tableau ;
  - troisième écoute pour vérifier la compréhension ; toute cette activité doit être menée en anglais, y compris pour les appréciations (*Yes, this is a red bird! well done! / No, wrong! it's a red bird!*)
  - quatrième écoute : un élève se tient à côté du tableau pendant l'écoute et montre au fur et à mesure les images correspondantes.
- **Mise en scène**
  La simplicité des paroles (répétées) et de l'air sont favorables à un apprentissage par cœur de la chanson, que les élèves peuvent reconstruire avec les images au tableau.

Glossaire

Acquis passifs : mots ou expressions utilisés par l'enseignant de façon régulière, qui ne sont pas des objectifs d'apprentissage mais sont rapidement assimilés par les élèves.

Activer/réactiver : fait de proposer une activité qui nécessite de la part des élèves le réemploi de mots ou expressions déjà étudiés, le plus souvent en vue d'une activité pour laquelle ces mots ou expressions vont être utiles.

Appropriation : on dit qu'un élève s'est approprié la langue lorsqu'il est capable d'utiliser spontanément des éléments langagiers appris à bon escient.

Backward-building : technique de répétition qui consiste à commencer par la fin d'un mot/d'une phrase et à remonter progressivement jusqu'au début.

Chant : parler scandé, utilisé en anglais pour sensibiliser aux schémas accentuels.

Class survey (enquête de classe) : voir Méthodologie 6- Activités de communication.

Communication : acte d'échanger ; va au-delà de la simple manipulation de mots appris ; implique l'échange d'un vrai message entre émetteur et récepteur. En classe de langue, cela implique que l'enseignant crée de vraies situations de communication.

Compétences en langue : il y a 4 compétences en langue : compréhension orale et écrite et expression orale et écrite. On privilégie les compétences orales dans le premier degré.

Compétences transversales : compétences mises en œuvre dans l'apprentissage d'autres disciplines (écoute, mémorisation, aptitude à inférer le sens d'éléments inconnus à partir du contexte, etc.).

Contraction : fait de langue spécifique à la langue parlée en anglais : *it's* pour *it is.*

Dictée-image : voir Méthodologie 4- Utilisation de l'image.

Drama/role-play : voir Méthodologie 6- Activités de communication.

Etiquettes-mots : voir Méthodologie 5- Travail de l'écrit.

Flash-card : support visuel (dessin ou photo) qui permet d'élucider le sens d'un mot inconnu en évitant de passer par la traduction.

Living-sentences : voir Méthodologie 5- Travail de l'écrit.

Pair-work : travail à deux, sous forme de questions/réponses, ordre/exécution, vrai/faux, etc. Il permet au maximum d'élèves de prendre la parole.

Phonie/graphie : la correspondance entre phonie et graphie est différente d'une langue à l'autre, mais à l'intérieur d'une même langue à une même graphie peuvent correspondre des phonies différentes et vice-versa.

Pratique guidée : étape de la séquence qui a pour but de faire manipuler aux élèves les fonctions langagières qui sont l'objectif de la leçon et pendant laquelle l'enseignant déclenche la parole des élèves à l'aide de diverses techniques.

Réponses courtes : réponses du type : *yes, it is/no, it isn't.*

Right/wrong : vrai ou faux ; aussi : *yes/no* ou *true/false.*

Tick or cross : ✓ (pour valider, choisir) et ✗ (pour éliminer).

T.P.R. *(total physical response)* : les élèves montrent qu'ils comprennent ce qu'ils entendent en réagissant physiquement, sans prendre la parole, par les gestes appropriés.

Bibliographie

La liste des références bibliographiques est consultable sur le site : **http://crdp.ac-bordeaux.fr**

Notes personnelles

Notes personnelles

Notes personnelles

Notes personnelles

Repérage des pistes

CD audio

unité	piste	annexe	page
1	1	Annexe 1	20
	2	Annexe 2	20
	3	Annexe 5 - one potato, two	22
	4	Annexe 5 - the green bottles	22
	5	Annexe 5 - ten little indians	22
	6	Annexe 5 - one, two, buckle	22
	7	Annexe 8	24
2	8	Annexe 1	34
	9	Annexe 2	34
	10	Annexe 3	35
	11	Annexe 3 bis	35
	12	Lexique	38
3	13	Comptine	41
	14	Annexe 2 - 1ère histoire	49
	15	Annexe 2 - 2e histoire	49
	16	Annexe 2 - 3e histoire	49
	17	Annexe 2 - 4e histoire	49
	18	Annexe 7	51
	19	Annexe 8	51
	20	Lexique	53
4	21	Annexe 1- a version chantée	64
	22	Annexe 1- a version parlée	64
	23	Annexe 1- b version chantée	64
	24	Annexe 1- b version parlée	64
	25	Annexe 2 - exemple 1	64
	26	Annexe 2 - exemple 2	64
	27	Annexe 3 - A	65
	28	Annexe 3 - B	65
	29	Annexe 4 - exemple 1	66
	30	Annexe 4 - exemple 2	66
	31	Annexe 4 - exemple 3	66
	32	Annexe 6	67
	33	Lexique	70

unité	piste	annexe	page
5	34	Annexe 6	84
	35	Annexe 7	84
	36	Annexe 8	85
	37	Annexe 9	85
	38	Annexe 10	85
	39	Annexe 11 - sketch 1	85
	40	Annexe 11 - sketch 2	85
	41	Lexique	88
6	42	Annexe 4	106
	43	Annexe 5	106
	44	Annexe 6	106
	45	Annexe 7 - exemple 1	107
	46	Annexe 7 - exemple 2	107
	47	Annexe 8	107
	48	Annexe 10 - a	108
	49	Annexe 10 - b	108
	50	Annexe 12	109
	51	Lexique	112
7	52	Annexe 4 - version chantée	127
	53	Annexe 4 - version parlée	127
	54	Annexe 5	127
	55	Annexe 6	127
	56	Annexe 7 - 1ère version	128
	57	Annexe 7 - 2e version	128
	58	Lexique (h)	131

Achevé d'imprimer en France
au CRDP d'Aquitaine
en juillet 2007
N° imprimeur : 474

Directeur du CRDP Aquitaine : Michel Chaumet